주님, 사람들은 말하기를
제가 주님과 대화해도 답이 없으시니
모두 꿈이라 합니다.
혼자서 둘인 양 말한다는 것이지요.
절반은 맞는 소리지만
그들의 생각과는 오히려 반대입니다.
하려는 말을 찾으려 제 속을 들여다보면
안타깝게도 샘이 말라 있습니다.
그러면 주님은 텅 빈 저를 보시고
들으시던 자리에서 내려와
제 죽은 입술을 통해 호흡하시며
저도 몰랐던 생각을 깨워 말씀하십니다.
하여 답이 필요 없고 답하실 수도 없지요.
둘이 나누는 대화 같으나 영원히 주님 한 분이시며
꿈도 제 것이 아니라 주님의 꿈입니다.

Poems(시집), "기도"

How to Pray
by C. S. Lewis
Copyright © 2020 by C. S. Lewis Pte. Ltd.
All rights reserved.

This Korean edition was published by Duranno Ministry in 2020 by arrangement with
THE CS LEWIS COMPANY LIMITED through KCC(Korea Copyright Center Inc.),
Seoul, Republic of Korea.

이 책은 ㈜한국저작권센터(KCC)를 통한 저작권자와 독점계약으로 사단법인 두란노서원에서 출간되었습니다. 저작권법에 의해 한국 내에서 보호를 받는 저작물이므로 무단전재와 무단복제를 금합니다.

기도의 자리로

지은이 | C. S. 루이스
옮긴이 | 윤종석
초판 발행 | 2020. 10. 21.
21쇄 발행 | 2025. 6. 20.
등록번호 | 제1988-000080호
등록된 곳 | 서울특별시 용산구 서빙고로65길 38
발행처 | 사단법인 두란노서원
영업부 | 02)2078-3333 FAX | 080-749-3705
출판부 | 02)2078-3330

책값은 뒤표지에 있습니다.
ISBN 978-89-531-3874-2 04230
     978-89-531-3875-9 04230 (세트)

독자의 의견을 기다립니다.
tpress@duranno.com www.duranno.com

두란노서원은 바울 사도가 3차 전도 여행 때 에베소에서 성령 받은 제자들을 따로 세워 하나님의 말씀으로 양육하던 장소입니다. 사도행전 19장 8-20절의 정신에 따라 첫째 목회자를 돕는 사역과 평신도를 훈련시키는 사역, 둘째 세계선교™와 문서선교단행본·잡지 사역, 셋째 예수문화 및 경배와 찬양 사역, 그리고 가정·상담 사역 등을 감당하고 있습니다. 1980년 12월 22일에 창립된 두란노서원은 주님 오실 때까지 이 사역들을 계속할 것입니다.

기도의
자리로

C. S. 루이스

C. S. Lewis

영광의 그분과 거룩한 발맞춤

두란노

p. 008 · 엮은이의 글

p. 012 /
내 기도가 통하는지 검증할 수 있는가?

p. 030 /
하나님이 내 필요를 이미 다 아시는데
굳이 왜 구하는가?

p. 038 /
기도가 짐스러운가?

p. 048 /
시시콜콜 내 일을 하나님께 가져가는 건
염치없는 일인가?

contents

p. 058 /

기도와 '하나님의 섭리'는 어떻게 맞물리는가?

p. 076 /

기도하려면 병적이리만치
내 죄를 성찰해야 하는가?

p. 082 /

기도할 때 조심해야 할 덫은 무엇인가?

p. 104 /

기도를 꾸준히 실천하려면?

p. 111 /

적당히 내 것을 챙기며 기도하는 것이 가능한가?

p. 122 /

어떻게 '진짜 나'로서 '진짜 그분' 앞에 설 것인가?

p. 127 /

다윗처럼 즐거이 기도하려면?

p. 141 /

기도에 관한 신약의 가르침,
어떻게 이해할 것인가?

p. 150 /

사랑하는 사람을 잃은 슬픔 가운데 기도하고 있는가?

p. 157 /

고난이 영혼에 유익하다는데,
고난을 면하려고 기도해도 되는가?

p. 165 /

구해도 하나님이 거듭 안 된다고 하실 때
어떻게 할 것인가?

p. 174 · 출전

 엮은이의 글

C. S. 루이스는 기독교 신앙을 옹호하는 20세기 최고의 변증자요 해설자로 널리 인정받는다. 특히 《순전한 기독교》, 《스크루테이프의 편지》, 《기적》, 《고통의 문제》 등의 고전 저작들에서 그의 탁월한 변증을 만날 수 있다. 그런데 루이스가 사석에서 자주 토로했듯이, 역설적이게도 그가 가장 약했던 순간은 기독교의 어떤 개념이나 교리를 성공리에 변호한 직후였다.

그를 지탱시켜 준 힘은 다음의 사항들을 그리스도인이 마땅히 실천해야 할 덕목으로 보고 헌신적으로 그렇게 살아 낸 데 있었다. 그는 교회에 출석했고, 사람들에게 도움을 베풀고 손 대접을 실천했으며, 자신의 동기와 행동을 살펴 부족한 면을 다듬어 나갔고, 죄를 자백했고, 강해져야 할 부분을 보강했다. 그리고 기도했다.

잘 알려진 기독교 신앙의 스승이 꾸준히 기도하는 사람이었다는 사실이 뜻밖의 일은 아니나 우리는 지난 세월 루이스가 쓴 많은 편지에 수시로 언급된 기도를 자칫 간과하기 쉽다. "기도해 드리겠습니다"라는 말이 진부하게 들리겠지만, 그의 서신에는 이 문구가 단골로 등장한다. 이 문구를 그토록 자주 언급했다는 것은 루이스가 그만큼 기도의 실천을 진지하게 받아들였다는 뜻이다.

그는 으레 사람들에게 기도해 줄 것을 약속했고, 그들의 기도 제목을 적어 두었으며, 시간이 지나면 다시 상황을 물어 고쳤다. 루이스 본인의 기도 제목을 정리했음은 물론이다. 그는 기도서에 나오는 전통 기도문을 애용했으며, 청원 기도 말고도 기도의 형태가 다양했고, 기도를 둘러싼 사안들에 관해 수시로 조언을 했다. 기도라는 주제는 그의 간행물들에도 어김없이 등장한다. 한마디로 루이스는 많은 시간을 들여 기도를 실천하고 생각하고 글로 썼다.

또 하나 분명한 것은 루이스가 이 모두를 전혀 내세우지 않았다는 점이다. "나는 기도에 관한 책을 쓸 사람이 못 되네. 오히려 '건방진' 소리가 되겠지." 1949년 8월에 그가 친구에게 쓴 짤막한 편지에 들어 있는 말이다. 물론 나중에는 생각이 바뀌어서 책을 썼는데, 그 책이 바로 그가 세상을 떠난 뒤에 발간된 《개인 기도》다. 하지만 이 책조차도 기도 입문서는 아니고(그런 면도 더러 비치긴 하지만), 주로 기도에 관해 어떻게 생각해야 하는지를 설명한다.

루이스가 내세우지 않았던 그런 모든 요소가 오늘날에도 여전히 한없이 중요하다는 것을 논증하고자 우리는 이 책 《기도의 자리로》를 기획했다. 수록된 글을 읽으면 곧 알게 되겠지만, 수십 년이 지나도록 그의 가르침이 이토록 심오하고 생동감 있는 이유는 그가 오랜 세월 꾸준히 기도 생활에 헌신했기 때문이다.

루이스는 결코 신앙을 한낱 지적이거나 철학적인 문제로 축소하지 않는다. 그가 펼친 변증 활동은 그가 경험한 훨씬 큰 실재의 한 단면에 불과하며, 그 실재의 기초는 '살아 계신 하나님과의 관계'다. 기도와 관련된 내용도 그 관계에 기초한 더 큰 틀 안에서 제시된다.

루이스의 책과 에세이와 편지와 시에 두루 퍼져 있는 기도에 관한 지혜를 이 책에 모두 모았다. 평생 기도를 실천한 사람인지라 그가 말하는 내용 대부분이 현명하고 예리하며 깊이가 있다. 루이스를 이미 신앙의 길잡이와 스승으로 삼아 온 사람에게는 새삼 놀랄 일도 아니다.

일관성과 통일성을 기하고자 원작 글의 제목을 기도에 관한 질문의 형태로 바꾸었다. 각각의 글이 그대로 답변인 셈이다. 각 장의 원제와 출전은 글의 끝부분과 책의 맨 뒤에 밝혀 놓았다. 아울러 장마다 짤막한 발췌문도 곁들였다. 원전을 조사하여 선별해 준 재커리 킨케이드에게 큰 빚을 졌다. 그의 꼼꼼한 작업에 감사를 표한다.

많은 사람들이 루이스를 칭송하는데, 그가 기독교에 관해 했던 말 때문만이 아니라 그리스도인으로서 보여 준 그의 삶 때문이기도 했으면 좋겠다는 마음으로 이 책을 펴낸다. 다 읽고 난 뒤 당신도 이 말에 아멘 할 수 있기를 바란다.

마이클 G. 모들린
하퍼원HarperOne 출판사
수석 부사장 겸 편집장

내 기도가
통하는지
검증할 수 있는가?

몇 년 전 어느 날 아침, 런던 방문을 앞두고 머리칼을 좀 다듬어야겠다는 생각이 들었다. 그런데 첫 번째 편지를 뜯는 순간 런던에 갈 필요가 없게 되었음을 알았고, 따라서 이발도 나중으로 미루기로 했다.

그런데 그때부터 도무지 영문을 모르게 속에서 살살 나를 다그치는 소리가 들렸다. 마치 "그래도 머리칼은 깎으라. 가서 이발을 하라"라고 말하는 것 같았다.

결국 나는 더 버티지 못하고 이발소로 발걸음을 옮겼다. 당시 내 머리를 손질해 주던 이발사는 그리스도인이었는데 고민이 많은 그를 우리 형과 내가 종종 도와주곤 했다. 이발소 문을 열고 들어서는 내게 그는 "오늘 꼭 오게 해 달라고 기도하던 참입니다"라고 말했다. 사정을 들어 보니 실제로 내가 하루이틀 늦게 갔더라면 그에게 아무런 도움도 되지 못할 뻔했더랬다.

지금도 그 일을 떠올리면 숙연해진다. 물론 엄밀히 말해서 이발사가 올린 기도와 내가 이발소를 방문한 일 사이에 인과 관계가 있다고 명쾌하게 증명할 수는 없다. 그냥 텔레파시나 우연이었을 수도 있다.

다음은 내가 병상을 지켰던 한 암환자의 경우다. 암세

포가 그녀의 대퇴골을 점령해 버리고 다른 많은 뼈에까지 왕성하게 증식한 상태였다. 그녀가 침상에서 자세를 바꾸려면 세 사람이 거들어야 했다. 의사들은 앞으로 그나마 몇 달은 더 살 것이라 이야기했으나 (흔히 실상을 더 잘 아는) 간호사들은 몇 주를 넘기지 못할 것으로 내다보았다.

그런데 어떤 선량한 사람이 그녀에게 안수 기도를 해 주었고, 그로부터 1년이 지나 그녀는 (험한 숲속의 오르막길까지도) 거뜬히 걸어 다닐 수 있을 정도로 회복되었다. 최종적으로 엑스레이를 촬영한 기사는 "뼈가 모두 바위처럼 단단해졌습니다. 기적이에요"라고 선언했다.

하지만 이번에도 딱 부러진 증거는 없다. 정직한 의사라면 누구나 인정하듯이 의학은 완전무결한 과학이 아니다. 오진을 설명하려고 굳이 초자연까지 끌어올 필요는 없다. 본인이 싫다면 기도와 회복의 인과 관계를 믿지 않아도 된다.

그러다 보니 이런 의문이 생겨난다.

"기도의 효력을 입증해 줄 증거는 무엇인가?"

어떤 일이 기도한 대로 흘러갈 수는 있다. 하지만 어차피 그렇게 될 일이 아니었는지 어떻게 아는가? 설령 명백한 기적이라 해도 그 기적이 꼭 기도 때문에 일어났다는 보장은 없다. 분명한 답은, 기도의 경우 과학처럼 확실한 경험적 증거를 결코 얻을 수 없다는 것이다.

어떤 일은 만고불변의 경험으로 입증된다. 예컨대 중력의 법칙은 우리네 경험상 모든 육체가 예외 없이 거기에 지배당한다는 사실로 확증된다. 하지만 모든 일이 사람들이 기도한 대로 되지는 않는다. 설령 그렇게 된다 해도 그 사실로 그리스도인들이 말하는 기도의 효력을 입증하지는 못한다. 기도는 요청이기 때문이다. 강요와 달리 요청의 본질은 상대가 승낙할 수도 있고 그렇지 않을 수도 있다는 것이다. 지혜가 무궁하신 신이 유한하고 어리석은 피조물의 요청을 들으신다면, 당연히 승낙하실 때도 있고 거부하실 때도 있을 것이다.

무조건 "성공하는" 기도로는 전혀 기독교 교리를 검증할 수 없다. 그때 입증되는 것이라고는 오히려 마법에 훨씬 가까울 것이다. 특정인이 자연의 이치를 통제하거나 강제하는 능력을 가졌다는 식으로 말이다.

물론 언뜻 보기에 우리가 기도한 대로 반드시 승낙하시겠다고 약속하는 듯한 본문이 신약에 여럿 나온다. 하지만 그것이 그 본문이 품고 있는 참뜻일 수는 없다. 전체 이야기의 한복판에 뻔히 반대되는 사례가 나오기 때문이다. 모든 사람 가운데 가장 거룩하신 분이 겟세마네 동산에서 자기 앞에 놓인 잔을 면하게 해 달라고 세 번이나 간구하셨다. 그러나 받아들여지지 않았다. 우리에게 명하신 기도가 마치 절대 보장된 어떤 수법과도 같다는 개념은 더 이상 설 자리가 없다.

어떤 일은 자연적인 경험이 아니라 일부러 꾸며 낸 경험을 통해서도 증명된다. 이를 '실험'이라 부른다. 그렇다면 기도도 실험이 가능할까? 물론 그리스도인은 이런 일에 가담할 수 없다. "주 너의 하나님을 시험하지 말라"고 금하셨기 때문이다. 하지만 이 반론일랑 일단 접어 두자. 금지 여부를 떠나, 이 실험 자체가 가능할까?

내가 접했던 제안에 따르면, 일단의 사람이(많을수록 좋다) 합심하여 6주 동안 병원 A의 모든 환자를 위해서만 열심히 기도하고, 병원 B의 환자를 위해서는 기도하지 않는다. 그 후에 결과를 집계해 병원 A에 완치자가 더 많고 사망자가 더 적었는지를 확인한다. 짐작컨대 때와 장소를 달리해 이 실험을 충분히 되풀이한다면, 관계없는 여러 변수들이 끼칠 영향은 배제될 것이다.

문제는 그런 조건에서는 진정한 기도가 지속될 수 없다는 것이다. 《햄릿》에 등장하는 왕은 "생각 없는 기도는 천국에 상달되지 않는다"라고 말했다. 말로만 하는 기도는 기도가 아니다. 그렇지 않다면 이 실험에 인간 대신 잘 훈련된 앵무새 무리를 써도 될 것이다.

아픈 사람의 회복을 진정으로 바라지 않고는 그의 회복을 위해 기도할 수 없다. 그런데 한 병원의 환자는 전부 병이 낫기를 바라면서 다른 병원의 환자는 아무도 낫지 않기를 바라다니, 그럴 만한 동기가 성립되지 않는다. 이는 누군가의 고통을 덜어 주려는 기도가 아니라 통계를 얻어 내려는 기도다. 겉으로 내세운 기도의 목적이 속에 품은 진짜 목적과 상반된다. 다시 말해서 발성 기관과 무릎으로 무엇을 하든지 간에 이는 기도가 아니다. 실험 자체가 불가능할 수밖에 없다.

이렇듯 기도를 경험으로 증명하거나 논박할 수 없다. 하지만 기도가 요청임을 기억하고 다른 요청의 사례들과 비교해 보면, 이 결론이 덜 비관적으로 보인다.

우리는 하나님께만 아니라 사람에게도 무언가를 요청한다. 식사 자리에서 소금을 건네 달라고 하고, 직장에서 임금 인상을 요구하며, 휴가 기간에 친구에게 자기 집 고양이 밥을 챙겨 달라고 부탁하고, 연인에게 청혼을 한다. 이때 청한 대로 될 때도 있고 그렇지 못할 때도 있다. 하지만 청한 대로 될 때도 요청과 승낙의 인과 관계를 과학적으로 확실히 증명하기란 생각만큼 쉽지 않다.

당신의 친구는 인정이 많아서 설령 당신이 깜빡 잊고 부탁하지 않아도 당신이 휴가를 떠난 사이 알아서 당신의 고양이를 챙겨 보살펴 주었을지도 모른다. 사장은 누가 요구한다 해서 보수를 올려 줄 사람은 아니지만, 경쟁 회사에서 당신에게 더 나은 대우를 제시할 수도 있음을 알기에 어차피 임금 인상으로 당신을 붙잡아 두려 했을지도 모른다.

청혼을 수락한 연인은 어떤가? 수락하기로 그녀가 이미 결심한 상태가 아니었는지 어떻게 아는가? 당신의 청혼은 그 결심의 원인이 아니라 결과였을 수 있다는 것이다. 상대 연인의 의도가 없고서야 지금까지 중요한 특정 대화는 이루어지지 못했을 테니 말이다.

이렇듯 하나님께 기도할 때와 마찬가지로 사람에게 무언가 요청할 때도 요청의 인과적인 효력에 어느 정도는 의

혹의 여지가 남는다. 결과가 어떻든 간에 어차피 그렇게 될 일이었을 수도 있다. 하지만 거듭 말하거니와 어느 정도만 그렇다.

친구와 사장과 연인은 내 쪽에서 청해서 자신이 그렇게 행동한 거라고 말할 수 있다. 나 또한 상대를 아주 잘 알기에 그 말이 진심이고 또한 실제로 맞는 말임을 확신할 수 있다. 그만큼 상대도 자신의 동기를 잘 알고 있을 테니 말이다.

그런데 잘 보면 이 확신은 과학적 방법으로 얻어진 것이 아니다. 우리는 임금 인상을 고사하거나 파혼한 뒤 새로운 조건에서 다시 임금 인상을 요청하거나 청혼을 하는 식의 대조 실험에 나서지 않는다. 이 확신은 과학적 지식과는 차원이 달라서 상대와 맺은 인격적 관계에서 시작한다. 상대에 관한 지식이 아니라 **그 사람 자체를** 아는 데서 비롯되는 것이다.

기도 응답의 확신 즉, 하나님이 우리 기도를 항상 들으시고, 때에 따라 우리가 구한 내용을 승낙하시며, 그 명백한 승낙이 그저 우연이 아니라는 확신에도 이와 똑같은 방식으로만 이를 수 있다. 성공과 실패를 계수해서는 어림도 없다. 성공이 압도적으로 많으면 우연으로 치부될 수 없다는 식으로 말이다. 상대를 가장 잘 아는 사람은 그가 승낙한 이유가 자신의 요청 때문인지 아닌지를 가장 잘 안다. 마찬가지로 하나님을 가장 잘 아는 이들은 그분이 나를 이발소로 보내신 일이 이발사의 기도 때문인지 아닌지도 가장 잘 알 것이다.

지금껏 우리는 이 문제 전체를 엉뚱한 차원에서 엉뚱한 방법으로 다루어 왔다. "기도는 통하는가?"라는 질문부터가 잘못된 사고방식에서 출발한 것이다. "통하는지"를 따지면 기도는 마치 마법이나 자동 판매기와 다를 바 없어진다.

그러나 기도는 순전히 망상이거나, 아니면 '미숙하고 부족한 인격체'(우리)와 '엄연히 실존하시는 또 다른 인격체' 사이의 인격적 소통이거나, 둘 중 하나다. (무언가를 구하는 청원 기도는 기도의 작은 일부에 불과하다. 죄의 자백과 회개는 기도의 문지방이고, 경배는 기도의 성소이며, 하나님의 임재 안에서 그분을 보고 즐거워하는 것은 곧 기도의 빵과 포도주다.)

기도를 통해 하나님은 우리에게 하나님이 어떤 분이신지 보여 주신다. 그분이 기도에 응답하시는 것은 그 계시에 따르는 부수적 결과이지 가장 중요한 요소는 아니다. 그분이 어떤 분이신지 알면 그분이 행하시는 일도 알 수 있다.

그럼에도 하나님은 우리에게 청원 기도를 해도 된다고 허락하셨고, 또한 하라고 명령하셨다.

"오늘 우리에게 일용할 양식을 주시옵고."

물론 여기서 이론상의 문제가 제기된다. 하나님이 정말 인간의 제안에 응하여 그분의 행동을 조정하신다고 믿어도 될까?

무한한 지혜는 누가 말해 주지 않아도 무엇이 최선인지 알며, 무한한 선은 누가 시키지 않아도 선을 행한다. 하나님은 생물과 무생물을 통틀어 모든 유한한 존재에게서 어떤 도움도 받으실 필요가 없다. 원하신다면 그분은 음식 없이도 기적으로 우리 몸을 회복시키실 수 있고, 농부와 빵집과 푸줏간의 도움 없이도 우리에게 양식을 주실 수 있고, 학자의 도움 없이도 지식을 주실 수 있으며, 선교사 없이도 믿지 않는 이들을 돌아오게 하실 수 있다.

그런데도 그분은 인간의 근력과 생각과 의지는 물론이고 토양과 날씨와 가축까지도 협력하여 그분의 뜻을 수행하게 하신다.

블레즈 파스칼은 "하나님이 기도를 만드신 목적은 피

조물에게 '어떤 일을 유발하는 존재'로서의 특권을 부여하시기 위해서다"라고 말했다. 기도만이 아니라 우리가 조금이라도 어떤 행동을 할 때마다 그분은 우리에게 동일한 존엄성을 부여하신다.

내가 기도해서 어떤 일의 경과에 미치는 영향은 내가 하는 다른 행동을 통해 일에 미치는 영향보다 더 이상할 것도 덜 이상할 것도 없다. 내 기도 때문에 하나님의 생각이 보완될 일은 없다. 즉 그분의 전체 목적은 달라지지 않는다. 그러나 그 목적이 실현되는 방식은 피조물인 우리가 하는 행동에 따라 달라지며, 우리가 드리는 기도도 마찬가지다.

그만큼 그분은 피조물에게 위임하실 만한 일이라면 그 무엇도 직접 하시지 않는 것 같다. 직접 순식간에 완벽하게 처리하실 수 있는 일을 느리고 서투른 우리에게 명하신다. 맡겨 주신 일을 소홀히 하거나 실패할 여지까지도 우리에게 허락하시는 것이다.

우리로서는 다 이해할 수 없겠지만, 자유 의지를 가진 유한한 존재들을 전능자와 무사히 공존하게 하신다는 것이 쉬운 일은 아니다. 그러려면 매 순간 하나님이 퇴위退位하다시피 하셔야 한다.

우리는 그저 수혜자나 방관자가 아니라, 특권을 입어 그분의 작전에 동참하거나 강권에 이끌려 그분의 일에 협력하는 존재다. "각자의 작은 삼지창을 휘두르는" 것이다. 이 신기한 과정이 그저 우리 눈앞에 전개되는 창조에만 그칠까? 이를 통해(보통 일이 아니다) 하나님은 아무것도 아닌 우리를 대단한 존재로, 그야말로 작은 신들로 만드신다.

적어도 내게는 그렇게 보인다. 하지만 여태 제시한 내용은 기껏해야 관념적 모델이나 상징일 수밖에 없다. 이런 주제에 관해서는 우리가 무슨 말을 하든 다 유추와 비유에 그칠 뿐이다. 당연히 실체는 우리가 이해할 수 있는 영역 밖이다. 그래도 어쨌든 이렇게 함으로써 잘못된 유추와 엉뚱한 비유를 몰아낼 수는 있다.

기도는 자동 판매기가 아니다. 마법이 아니다. 하나님께 건네는 조언도 아니다. 다른 모든 행위와 마찬가지로 우리가 기도하는 행위도 끊임없는 하나님의 행위와 분리되어서는 안 된다. 모든 유한한 존재가 '어떤 일을 유발하는 행위'를 할 때 그것은 하나님의 행위 안에서만 존립한다.

기도한 대로 받는 사람들을 일종의 왕에게 총애를 받는 신하로, 즉 왕이신 하나님께 말발이 서는 사람으로 생각한다면 이는 더 심각한 문제다. 답은 겟세마네에서 거절당하신 그리스도의 기도로 충분하다.

어느 노련한 그리스도인에게서 들었던 고언苦言도 빼놓을 수 없다. "여태 나는 인상적인 기도 응답을 많이 보았고, 그중에 기적이다 싶은 것도 한둘이 아니었다. 그런데 이런 응답은 대개 초기에, 즉 회심 전이나 회심 직후에 받는다. 그러다 그리스도인으로 살아갈수록 대체로 드물어진다. 반면에 거절의 응답은 더 잦아질 뿐 아니라 더 명백하고 단호해진다."

하나님을 가장 잘 섬기는 이들일수록 그분이 버리신다는 말인가? 사실 그분을 세상 누구보다도 잘 섬기신 그리스도는 고통스럽게 죽어 가시며 "어찌하여 나를 버리셨나이까"라고 외치셨다. 하나님이 친히 사람이 되어 이 땅에 오셨는데, 하필 그 사람에게 하나님의 위로가 가장 적었다. 가장 절실한 순간에 말이다.

여기 신비가 있다. 설령 내게 이 신비를 파헤칠 능력이 있다 해도 아마 용기가 부족할 것이다. 그러니 때로 희망이나 가망성이 전혀 없던 우리의 기도가 승낙되어도 성급히 자기에게만 유리한 쪽으로 비약해서 결론짓지 않는 게 좋

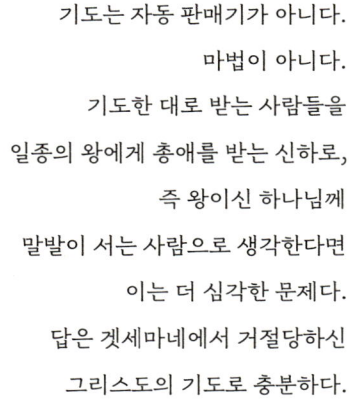

기도는 자동 판매기가 아니다.
마법이 아니다.
기도한 대로 받는 사람들을
일종의 왕에게 총애를 받는 신하로,
즉 왕이신 하나님께
말발이 서는 사람으로 생각한다면
이는 더 심각한 문제다.
답은 겟세마네에서 거절당하신
그리스도의 기도로 충분하다.

다. 우리가 더 강하다면 그분이 우리를 덜 살살 대하실지도 모른다. 우리가 더 용감하다면 그분이 우리를 격전지로 보내 훨씬 적게 지원하시면서 훨씬 위급한 진지를 방어하게 하실지도 모른다.

―――

《세상의 마지막 밤*The World's Last Night*》, "기도의 효력"

평범하고 순수한 한 그리스도인이 기도를 아뢰고자 무릎을 꿇는다. 그는 하나님과 소통하려 한다. 그가 그리스도인이라면 자신을 기도하게 하시는 분 또한 하나님이심을 안다. 즉 그 사람 안에 계신 하나님이시다.

또 그는 하나님을 제대로 아는 자신의 모든 지식이 그리스도를 통해서 온다는 사실도 안다. 하나님이자 인간이신 그리스도께서 곁에서 그의 기도를 도우시고 그를 위해 기도하신다.

보다시피 하나님은 그가 기도드릴 대상이자 그의 안에서 그가 기도하도록 추동하시는 분이다. 즉 도달하려는 목적지이자 원동력이시다. 아울러 그분은 목적지로 향해 가는 길 내지는 다리이시다.

요컨대 평범한 한 사람이 기도하는 작고 평범한 방에 실제로 삼위일체 하나님이 온전한 삼중의 생명으로 함께 계신다.

이 사람은 더 높은 차원의 생명에 붙들리는데, 나는 이를 '조에'(헬라어로 영원한 '하나님의 생명, 영원한 생명'이라는 뜻-편집자) 또는 영적 생명이라 부른다. 그는 자신으로 남아 있으면서도 동시에 하나님께 이끌려 하나님 속으로 들어간다.

《순전한 기독교 Mere Christianity》

"특정한 것을 구하는 기도는 늘 하나님께 세상 운영하는 법을 조언하는 것처럼 보입니다. 그분이 어련히 아신다고 보는 게 더 현명하지 않을까요?"

나의 이 말을 그는 이렇게 받았다.

"그 원리대로라면 당신은 생전 옆 사람에게 소금 좀 건네 달라는 부탁을 하지 않겠군요. 당신에게 소금이 필요한 걸 하나님이 어련히 아실 테니까요. 또 우산을 가지고 다닐 일도 없겠습니다. 당신이 비에 젖어야 하는지 아닌지도 그분이 어련히 아시니 말입니다."

"그건 다른 문제지요"라고 내가 항변하자 그가 말했다.

"왜 다른지 모르겠군요. 신기하게도 하나님은 일이 되어 가는 과정에 우리가 영향을 미치도록 허락하십니다. 그렇다면 이 방법을 허락하시는 그분이 왜 저 방법은 마다하셔야 하는지 모르겠군요."

《피고석의 하나님 *God in the Dock*》, "단편들"

하나님이
내 필요를 이미 다 아시는데
굳이 왜 구하는가?

"당신 말대로 기도하면 응답된다는 이론적 가능성을 인정한다 해도, 실제로 응답될 리가 만무하리라는 내 생각에는 변함이 없다. 세상을 운영하는 법에 관해 하나님께 우리 인간의 (모순되고) 어쭙잖은 조언이 필요할 턱이 없다. 당신 말대로 그분이 전지하시다면 무엇이 최선인지 이미 아시지 않는가? 또 그분이 한없이 선하시다면 우리가 기도하든 말든 선을 행하시지 않겠는가?"

이것이 지난 백 년간 수많은 사람을 위협해 온 기도 무용론이다. 기도 무용론의 주장에 흔히들, 이런 논리는 낮은 차원의 기도 즉 어떤 일이 벌어지기를 구하는 기도에만 적용된다는 대답으로 응수한다. 높은 차원의 기도는 하나님께 조언하는 것이 아니라 그분과의 "교감" 또는 그분과의 교제로만 이루어진다는 것이다. 하지만 이런 입장을 취하는 이들은 낮은 차원의 기도가 정말 미련한 일이며 어린아이나 미개인만이 써먹는다고 보는 것 같다.

나로서는 통 납득할 수 없는 견해다. 기도를 둘로 구분한 것까지는 타당하다. 대체로 내 생각에도(확신은 없다) 아무것도 구하지 않는 기도가 더 성숙하고 또 차원이 높다. 당신이 하나님의 뜻에 워낙 일치되어 있어 설령 일의 경과를 바

꿀 수 있다 해도 그럴 마음이 없다면, 그 상태야말로 높은 차원의 경지다.

그러나 낮은 차원의 기도를 무조건 배제하면 두 가지 문제가 발생한다. 첫째로, (주기도문까지 포함하여) 기독교 역사의 전통적 기도가 모두 틀렸다고 말해야 한다. 일용할 양식, 아픈 사람의 회복, 적으로부터의 보호, 바깥세상의 회심 등을 구하는 기도도 거기에 늘 들어 있었으니 말이다.

둘째로, 부질없다는 이유만으로 무언가를 요청하는 기도를 삼간다면 딱히 영적이거나 높은 차원의 기도랄 것도 없다. 설령 다른 기도를 써먹을 마음이 없어서 "높은 차원"의 기도만 드린다 해도 말이다. 어린아이가 워낙 고매하고 영적이라 케이크를 아예 원하지 않아서 케이크를 달라고 구하지 않는 거라면, 그거야 대견하게 볼 것 같다(이 또한 절대적 확신은 없다). 그러나 청해 봐야 소용없다고 생각해서 케이크를 달라고 기도하지 않는다면, 그 아이는 딱히 대견할 게 없다. 내 생각에 이 문제는 전부 다시 생각해 봐야 한다.

("낮은 차원" 내지 구식) 기도에 대한 반론은 이런 식이다. 당신이 구하는 바는 본인과 세상 전반에 유익하거나 그렇지 않거나 둘 중 하나다. 유익하다면 선하시고 지혜로우신

하나님이 어차피 행하실 테고, 유익하지 않다면 행하시지 않을 것이다. 어느 쪽이든 당신의 기도 때문에 달라질 것은 하나도 없다. 하지만 이 논리가 성립된다면 기도만 아니라 다른 모든 행동까지도 배격되어야 하지 않겠는가?

모든 기도와 마찬가지로 다른 모든 행동을 통해서도 당신은 어떤 결과를 내려 한다. 그런데 그 행동의 결과는 선할 수도 있고 악할 수도 있다. 그렇다면 우리도 기도 반대론자처럼 주장하면 그만인가? 의도한 결과가 선하다면 당신이 개입하지 않아도 하나님이 그리되게 하시겠고, 악하다면 당신이 어떻게 하든 하나님이 일을 막으실 거라고 말이다.

손은 왜 씻는가? 깨끗한 손이 하나님의 뜻이라면 당신이 씻지 않아도 깨끗해질 테지만, 그분이 원하시지 않는다면 비누칠을 아무리 많이 해도 (맥베스 부인처럼) 손은 계속 더러울 것이다. 옆자리 사람에게 왜 소금을 건네 달라 부탁하고, (비 오는 날) 장화는 왜 신는가? 무슨 행동이든 도대체 왜 하는가?

알다시피 우리는 행동할 수 있고 행동은 결과를 낳는다. 그러므로 하나님을 믿는 사람이라면 누구나 그분이 전체 역사를 손수 쓰실 작정이 아님을 (기도의 문제와 상관없이) 인정해야 한다. 우주에 전개되는 사건 대부분은 과연 우리의 소관 밖이지만, 전부 다는 아니다. 마치 이야기의 장면과 전체 줄거리는 작가가 정해 놓았지만, 소소한 세부 사항은 배우들의 즉흥 연기에 맡겨져 있는 연극과도 같다.

하나님이 '어떤 사건이 실제로 일어나게 하는 역할'을 우리에게 맡기신다는 자체가 신비일 수는 있다. 그러나 기도를 함으로써 어떤 사건을 유발하게 하시는 것이 다른 어떤 방법에 비해 더 이상하지는 않다.

파스칼은 "하나님이 기도를 만드신 목적은 피조물에게 '어떤 일을 유발하는 존재'로서의 특권을 부여하시기 위해서다"라고 했다. 그 목적으로 하나님이 기도와 물리적 행동을 고안하셨다는 말이 어쩌면 더 맞을 것이다. 그분은 미약한 피조물인 우리에게 이 두 가지 방법으로 일의 경과에 기여할 수 있는 존엄성을 주셨다.

우선 우주의 이치를 정하실 때 (제한되나마) 우리의 행위도 변수가 되게 하셨다. 그래서 우리는 손을 씻기도 하고, 인간이 아닌 다른 피조물을 먹여 살리거나 죽이기도 한다. 아울러 그분은 역사의 줄거리를 구상하실 때 상당량의 즉흥 연기를 허용하여, 기도 응답을 통한 수정의 여지를 두셨다. 전쟁에 이기게 해 달라는 기도가 (하나님이 어련히 알아서

하신다는 이유로) 미련하고 외람되다면, 비가 올 때 우비를 입는 행위도 똑같이 미련하고 외람되다. 당신이 비에 젖어야 하는지 아닌지도 하나님이 어련히 아시지 않겠는가?

어떤 일을 이루도록 우리에게 허용된 이 두 가지 방법을 노동과 기도라 칭할 수 있다. 둘은 비슷한 데가 있다. 둘 중 어느 쪽을 통해서든, 우리는 하나님이 "직접" 주시는 게 (적어도 아직은) 부적합하다고 여기시는 어떤 상태를 만들어 내려고 한다. 노동이 곧 기도라는 옛말은 이런 관점에서 새로운 의미를 띤다. 밭에 자란 잡초를 뽑는 일과 풍작을 비는 기도는 크게 다르지 않다. 하지만 그래도 중요한 차이가 있다.

농사를 아무리 잘 지어도 풍작을 확신할 수야 없지만, 그래도 잡초를 하나라도 뽑아내면 그 잡초 한 포기만은 확실히 사라진다. 술을 지나치게 많이 마시면 반드시 건강에 해롭고, 지구의 자원을 몇 세기 더 전쟁과 사치에 허비하면 인류 전체의 수명은 반드시 단축된다. 우리의 물리적 행위가 불러오는 결과는 하나님이 보장하신 셈이라서 이처럼 냉혹하다. 이로써 우리는 얼마든지 해를 자초할 재량이 있다.

그러나 기도로 일어나는 결과는 그와 달라서 하나님이

재량권을 하나님 몫으로 남겨 두셨다. 그렇지 않다면 기도가 인간에게 너무 위험한 활동이 되어, 우리는 유베날리스가 "천국이 진노하여 무시무시한 기도도 들어주나니"라고 읊었던 끔찍한 상태에 빠질 것이다(《풍자시집》제5권, 10편 111행).

"구한 대로 주신다"라는 의미에서 본다면 모든 기도가 매번 응답되지는 않는다. 이는 어떤 일이 발생하는 데 작용한 기도라는 요인이 더 약해서가 아니라 오히려 더 강하기 때문이다. 기도의 "효력"은 일단 나타났다 하면 시간과 공간의 제약을 모두 뛰어넘는다. 그래서 기도를 들어주시거나 거부하실 재량권은 오직 하나님께 있다. 이 조건이 없다면 우리는 기도 때문에 망할 것이다.

학교 교장이 다음과 같이 말하는 것은 결코 무리가 아니다. "어떤 일은 정해진 교칙대로 하면 되지만 어떤 일은 총칙에 맡겨 두기에는 너무 위험합니다. 그런 일을 하려거든 교장실로 찾아와 요청하고 문제 전반에 관해 나와 상의해야 합니다. 그러고 나서 결정하는 것이지요."

《피고석의 하나님 God in the Dock》, "노동과 기도"

"당신이 뭐라고 기도할지를 하나님이 수백만 년 전부터 정확히 알고 계셨다"라는 개념에 신경 쓰지 마십시오. 그건 그렇지 않습니다. 하나님은 당신의 말을 **지금** 듣고 계십니다. 엄마가 아이의 말을 듣는 것만큼이나 단순하지요. 그분의 영원성 때문에 생겨나는 차이라면 (발음하는 순간 이미 과거로 변해 버리는) **지금이** 그분께는 무한하다는 것입니다.

그분의 영원성을 굳이 생각해야겠거든 그분이 이 순간을 수백만 년 동안 **내다보셨다고** 생각할 것이 아니라, 그분 보시기에는 당신이 이 기도를 항상 하고 있는 것이라고 생각하십시오. 하지만 사실은 이마저도 끌어들일 필요가 없습니다. 지금껏 당신은 성전에 들어가("주의 궁정에서의 한 날이 다른 곳에서의 천 날보다 나은즉") 거기서 늘 그분을 만났습니다. 그것에만 신경 쓰면 됩니다.

Collected Letters(서한집), 1949년 8월 1일

브레큰리지 양에게

기도가
짐스러운가

나도 모르게 나는 종교에서 벗어나고 싶어 이미 안달이 나 있었다. 그럴 만도 했다. 내 나름대로 실천하던 종교는 순전히 영적 기술상의 실수(지금도 정말 실수였다고 믿는다) 때문에 도저히 감당 못할 짐으로 바뀌어 있었다.

모든 아이처럼 나도 어렸을 때 이런 말을 들었다. 기도할 때는 말만 할 게 아니라 생각도 실어야 한다고 말이다. 나는 (올디의 학교에 다닐 때) 신앙에 진지한 태도를 가지게 되면서 그 가르침대로 한번 실천해 보았다("올디"는 루이스가 다니던 기숙학교 교장의 별명으로, "늙은이"라는 뜻이 있다-옮긴이).

처음에는 순조로워 보였으나 금방 거짓 양심(사도 바울이 말한 "율법"이자 조지 허버트의 표현으로는 "수다쟁이")이 발동했다. "아멘"으로 기도를 마치기가 무섭게 그 음성이 이렇게 속삭였다. "좋아, 하지만 정말 생각하며 기도했다고 자신할 수 있어?" 심문은 더 교묘해졌다. "예를 들면, 어젯밤만큼 잘 생각했어?"

당시에는 이유를 몰랐지만 내 대답은 거의 매번 부정이었다. 그때마다 상대는 "좋아, 그러면 다시 하는 게 낫지 않겠어?"라고 되받았다. 그래서 다시 기도했다. 하지만 물론 두 번째라고 해서 더 나으리라는 확신은 없었다.

이 집요한 부추김에 나는 지독히도 어리석게 반응했다. 스스로 기준을 정한 것이다. 단 한마디의 기도도 "실감"realisation이 뒤따르지 않으면 기준 미달이었다. 여기서 실감이란 어느 정도의 생생한 상상과 감정을 뜻했다.

도저히 의지력으로 이루어 낼 수 없는 현상을 순전히 의지력으로 이루어 내는 것이 밤마다 내 숙제였다. 그러나 사실 그 현상은 아주 두루뭉술해서 실현 여부를 완전히 확신할 수도 없거니와, 막상 실현되어도 그 일의 영적 가치는 그저 그랬다.

하나님이 주시지 않는 것을 강탈의 기도로 "정복하려" 해서는 안 된다던 월터 힐튼의 옛 경고를 그 시절에 누가 내게 가르쳐 주었더라면 얼마나 좋았겠는가! 하지만 그런 사람은 없었다. 그래서 밤마다 나는 "실감"을 쥐어짜 내려 했다. 잠이 쏟아져 머리가 어질어질했고 종종 절망감마저 들었다. 그대로 계속한다면 무한한 퇴보만이 남은 셈이었다.

당연히 첫마디는 잘 실감하게 해 달라는 기도였다. 하지만 이 준비 기도 자체는 실감되었던가? 다행히 그 심문을 물리칠 만큼은 나도 의식이 있었던 모양이다. 그렇지 않고는 기도를 마치기는 고사하고 시작하기도 힘들었을 것이다.

지금도 기억이 생생하다! 유포油布의 감촉은 차가웠고 15분마다 기숙사에 종이 울렸다. 밤은 깊어만 가는데 속은 메슥거리고 대책 없이 지루했다. 어떻게든 이 짐을 벗고 싶은 마음뿐이었다. 나는 밤이 괴로워서 저녁만 되면 이미 침울해지는 지경에 이르렀고, 만성 불면증에 시달리는 사람마냥 취침 시간이 두려웠다. 그 길로 내처 쭉 갔더라면 아마 미쳐 버렸을 것이다.

어이없게도 이런 헛된 의무가 기도의 짐으로 느껴지다 보니 자연히 나는 무의식 중에 기독교 신앙을 버리고 싶어졌다. 아울러 그즈음이었나, 조금 지나서였나 여러 의식적 원인들로도 회의가 싹트기 시작했는데, 고전 읽기도 그중 하나였다.

특히 종교적 개념을 다양하게 제시한 베르길리우스의 책에서는 모든 선생과 편집자가 시작부터 종교적 개념을 순전히 망상으로 간주했다. 어떤 뜻에서 기독교가 이교의 완성인지, 어떤 뜻에서 이교가 기독교를 예표했는지를 숫제 아무도 밝히려 하지 않았다. 종교란 본래 잡다한 헛소리에 불과하나 다행히 유독 기독교만은 확실히 진리라는 게 정설처럼 보였다. 하다못해 예전의 기독교처럼 타종교를 마귀의 소행으로 설명하지도 않았다. 그랬더라면 아마 내게 믿어졌을지도 모른다.

내가 받은 인상은 이랬다. 종교는 다 생판 허위지만 자연스러운 현상이며, 인류는 그 특유의 헛소리에 빠져드는 경향이 있다. 천 개의 그런 종교들 한복판에 기독교가 '진리'라는 표를 붙이고 천한 번째로 서 있다. 하지만 이 예외를 내가 무슨 근거로 믿을 수 있단 말인가? 어떤 의미에서 분명히 기독교도 나머지와 얼추 같았다. 그런데 왜 이토록 다르게 취급되는가? 무조건 나도 계속 다르게 취급해야 하는가? 그리하려니 마음이 썩 내키지 않았다.

그것 말고도 내 신앙을 똑같이 방해하는 것이 또 있었다. 내 속에 깊이 배어든 염세주의였는데, 당시에는 그것이 기질이라기보다 관념에 훨씬 가까웠다. 그때 나는 결코 불행하지 않았는데도, 우주란 다분히 비참한 제도라는 견해가 확고히 굳어져 있었다.

교복 차림의 통통하고 철모르는 소년이 우주를 악평했다는 말을 들으면 분명히 질색할 사람도 있고 웃을 사람도 있을 것이다. 양쪽 다 옳은 반응일 수 있겠으나 상대가 아이였다는 이유로 더 옳은 것은 아니다. 그들은 자신의 소년기에 속마음이 어땠는지 잊어버렸다. 나이는 흔히들 믿는 만큼 그렇게 중요하지 않다. 웬만한 사고형 인간은 내가 보기에 열네 살 때까지 이미 많은 생각을 했다.

내 염세주의는 어디에서 왔을까? 독자들도 기억하다시피 나는 큰 복도 많이 받았지만 어려서 깊은 상처를 입었다. 그런데 지금은 염세주의의 씨앗이 어머니가 돌아가시기 이전부터 이미 뿌려졌다는 생각이 자꾸 든다(저자는 아홉 살 때 어머니를 여의었다-옮긴이).

우습게 들릴지 모르지만 내가 생각하는 이 염세주의의 원인은 바로 내 서투른 손재주였다. 어떻게 그럴 수 있을까? 물론 "내가 가위질을 똑바로 하지 못하니 우주는 악하다"라고 말할 아이는 없다. 유년기에는 그렇게 일반화할 재주도 없고 (공정하게 말해서) 그 정도로 어리석지도 않다. 그렇다고 손놀림이 어설퍼서 내게 소위 열등감이 생긴 것도 아니다.

나는 나를 다른 아이들과 비교한 게 아니라 나 홀로 패배했다. 반복되는 패배가 내 안에 생명 없는 물체를 향한 깊은 (그러면서도 물론 말로 표현할 수 없는) 저항심 내지 반감을 낳았다. 이마저도 너무 추상적이고 어른스럽게 들린다. 모든 일이 내 뜻과는 반대로만 되리라는 집요한 예감이라 표현하는 게 더 낫겠다. 곧게 두려는 것은 다 굽어지고, 굽히려는 것은 다 도로 곧아진다. 꽉 조이려는 매듭은 다 풀어지고, 풀고 싶은 매듭은 다 계속 조여 있다.

말로 표현하자니 우습게 들릴 수밖에 없고, 우스꽝스러운 일로서가 아니고는 그때를 다시 돌아보고 싶은 마음이 (지금은) 전혀 없다. 그런데 이렇게 덧없다 못해 어른이 보기에는 괴상하기까지 한 유년의 경험에서 어쩌면 사고의 맨 처음 편견이 싹트는지도 모른다. 무엇이 가능하고 무엇이 불가능한지에 대한 의식이 습관처럼 굳어지는 것이다.

――――

《예기치 못한 기쁨 Surprised by Joy》, "시야를 넓히다"

실제적인 문제를 두고 기도하는 일이 무슨 소용이냐고 하셨지요. 우선 "소용"의 의미부터 짚어 봅시다. 기도는 유익한 일일까요? 물론입니다. 우리가 어떻게 설명하든 간에 하나님은 우리에게 일용할 양식 등을 구체적으로 구하라고 하셨습니다.

기도에 "효력"이 있을까요? 물론 자동 판매기 조작이나 마법 주문처럼은 아닙니다. 기도는 요청이므로 당연히 하나님 쪽에서 그만한 이유가 있어 승낙하실 수도 있고 그러지 않으실 수도 있습니다.

어떻게 우리의 기도 때문에 하나님의 뜻이 바뀔 수 있냐고요? 하나님이 나를 대하실 때 (기도를 포함한) 내 행동을 무시하셔야만 한다면, 오히려 그게 더 이상하지 않을까요? 내가 죄를 짓지 않는다면 당연히 그분이 용서하실 필요도 없고, 내가 오류에 빠지지 않는다면 그분이 고쳐 주실 일도 없지요. 다시 말해서 그분의 뜻은 (궁극의 형이상학적 의미에서는 결코 변하지 않지만) 내 존재 및 행위와 맞물릴 수밖에 없습니다.

그렇게 본다면 하나님이 내 기도 여부를 참작하시지 않아야 할 까닭이 무엇입니까? 어쨌든 그분은 그러겠다고 말씀하셨습니다. 어련히 아시고 하신 말씀이지요(우리는 마치 그분이 신학을 잘 모르시는 것처럼 말할 때가 얼마나 많은지요).

(오래도록 머리로만 동의했으나 이제는 정말로) 확신하는데, 한번 회개하여 용서받은 죄는 그 힘을 잃고 사라집니다. 하나님의 사랑에 불살라져 눈처럼 희어집니다. 죄를 계속 "슬퍼하는" 거야 나쁠 게 없습니다. 자신이 그런 존재인 것이 슬퍼서 내보이는 표현이니까요.

다만 용서는 이미 구했으니 또 구할 필요가 없습니다. 청산하지 못한 빚인 양 양심의 "가책"을 느낄 필요가 없습니다. 그러나 인내와 (어떤 의미에서) 자족의 마음으로 죄 때문에 겸손해지는 것은 좋습니다.

Collected Letters(서한집), 1952년 1월 8일

로클리 여사에게

우리도 《그리스도를 본받아》에 나오는 대로 아침 기도를 올려야 한다. "아직 아무것도 하기 전이니 오늘 하루를 흠 없이 시작하게 하소서."

《영광의 무게 The Weight of Glory》, "실언"

시시콜콜 내 일을
하나님께 가져가는 건
염치없는 일인가?

나는 (다른 모든 것도 마찬가지이네) 하나님의 돌보심으로만 계속 살아갈 수 있는 존재라고 생각하네.

그렇다면 우리가 하는 일은 과연 무엇일까? 우리가 기도의 역할을 어떻게 생각하는지는 순전히 이 질문에 대한 답에 달려 있네.

우리는 모두 똑같이 하나님께 항상 그리고 온전히 알려져 있어. 좋든 싫든 그게 우리의 숙명이지. 그런데 그 앎 자체는 변하지 않아도 그분이 우리를 아시는 질質은 달라질 수 있네.

"자유란 자발적으로 그것을 원할 때만 필연이 된다"라고 보는 학파가 있는데, 그 개념이 맞고 틀리고는 상관없네. 여기서는 비유로만 볼 테니까. 이런 취지에서 보자면 하나님께 알려지는 대상은 보통 사물의 범주에 속하네. 우리도 지렁이와 양배추와 성운과 같이 하나님이 아시는 대상인 것이지. 하지만 우리가 1) 그 사실을 (일반론이 아니라 현존하는 사실로) 인식하고 2) 그렇게 하나님께 알려지기로 자발적으로 동의하면, 하나님과의 관계에서 우리 자신을 사물이 아니라 인격체로 대하는 것이네. 우리가 베일을 벗은 것이지.

베일이 하나님의 시야를 가릴 수 있다는 말은 아닐세. 달라지는 건 우리니까. 수동적이던 우리가 능동적으로 변하는 것이네. 그저 수동적으로 알려지기만 하는 게 아니라 능동적으로 우리 쪽에서도 보여 드리고 말씀드리며 우리 자신을 내드리는 것이지.

이렇게 스스로 인격체의 자격을 취해 하나님을 대하는 일이 그 자체로는 주제넘은 망상에 불과할 수 있다네. 아무런 근거가 없다면 말이야. 하지만 우리가 배웠듯이 그건 그렇지 않네. 우리에게 이 자격을 주신 분은 바로 하나님이시고, 성령으로 말미암아 우리는 그분을 "아버지"라 부르지. 베일을 벗고 죄를 자백하고 요청 사항을 "아룀"으로써 우리는 그분 앞에서 인격체라는 높은 지위에 오르는 것이네. 반면에 그분은 우리에게로 내려와 인격체가 되시고 말이야.

"되신다"라고 말하면 안 되겠군. 하나님은 되시는 분이 아니니 말일세. 그분은 자신을 인격체로 드러내시거나 자신 안의 인격체인 부분을 드러내신다네. 감히 말하자면(아마도 책이라면 몇 페이지에 걸쳐 부연 설명과 근거를 제시해야겠지만) 하나님은 사람을 대하실 때 그 사람이 하나님을 대하는 수준에 어느 정도 맞추어 주시네. 그 사람이 두드리면 하나님

안의 문이 열리지(적어도 내 생각에는 그렇네).

이 사실을 반기거나 적어도 직시하는 사람들을 그분 안의 인격체가 만나 주신다네(물론 그분은 인격체 이상이시네). 우리가 그분을 참으로 "당신"이라 부를 때 그분은 "나"로서 말씀하시지(마르틴 부버가 얼마나 탁월하게 표현했는지 모르네).

물론 "만난다"라는 말은 신인동형론(하나님을 사람의 형상으로 빗대어 묘사하는 일-편집자)의 표현이네. 마치 하나님과 내가 다른 동료 피조물처럼 대면할 수 있다는 듯이 말이야. 사실 그분은 내 위와 내 안과 내 아래와 내 사방에 계시네. 그래서 균형을 이루려면 각종 형이상학적이고 신학적인 추상 개념도 필요해.

다만 여기서고 다른 어디서고 절대 해서는 안 될 생각이 있네. 신인동형론의 은유는 연약한 우리를 배려한 미봉책인 반면 추상 개념은 그대로 진리라는 생각이지. 양쪽 다 똑같이 미봉책일 뿐일세. 각기 따로는 오해의 소지가 있으며 둘을 합해야 서로를 바로잡아 주네.

극히 유보적인 자세로 "이건 아닙니다. 그렇지 않습니다. 이 또한 주님이 아닙니다"라고 계속해서 되뇌지 않는 한 추상 개념은 치명적인 악영향을 미친다네. 지고한 생명조차 무기력해 보이고 지고한 사랑조차 냉담해 보일 테니 말이야. 유치한 은유가 해로운 것은 그것이 주로 비신자의 회심을 막기 때문이네. 아무리 조잡한 은유도 신자에게야 전혀 해로울 것이 없지. 성부 하나님께 정말 수염이 있다고 믿어서 망한 사람이 누가 있겠는가?

나는 자네가 내놓은 또 다른 질문이 경건한 이들에게 걸림돌이 된다고 생각하네. 내 기억이 맞다면 이런 질문이었지. "우리의 필요나 갈망이 얼마나 중요해야 우리가 간구의 주제로 삼기에 타당한가?"

여기 **타당하다**는 말이 나에게는 "불경하지 않다" 또는 "어리석지 않다" 또는 양쪽 모두의 의미로 다가왔네. 잠시 생각해 보니 사실은 두 가지 질문이 얽혀 있는 것 같군. 1) 갈망하는 대상이 얼마나 중요해야 이를 중대한 관심사로 삼아도 죄나 바보짓이 되지 않을까? 알다시피 옛 작가들은 이 질문과 관련해 우리의 "자세" 곧 "사고방식"을 지적하네. 2) 일단 그런 중대한 관심사가 있을 경우, 이 문제로 하나님께 기도하는 게 언제나 타당할까?

첫 번째 질문의 답은 우리도 다 이론적으로 안다네. 성 아우구스티누스가 말한 "질서가 바로 잡힌 사랑"을 지향해야 하지. 가장 중요한 일에 최고의 관심을 쏟고, 중요도에 따라 점점 관심을 줄여 맨 밑에까지 내려가는 것 말일세. 한마디로 전혀 선하지 않거나 선의 수단이 아닌 일에는 아예 무관심해지는 것이지.

그러나 우리가 알려는 것은 완전할 때 기도하는 법이 아니라 지금 이 모습으로 기도하는 법이네. 기도를 "베일 벗기"로 본 내 생각이 틀리지 않다면 이 답도 앞서 이미 나왔어. 정작 마음속에는 온통 B에 대한 갈망뿐이면서 하나님께 억지로 A를 열심히 구한다면 그야말로 부질없는 짓 아닌가. 그분 앞에 내놓아야 할 것은 '우리 안에 마땅히 있어야 할 모습'이 아니라 '우리 속마음 그대로'이니 말일세.

이는 사람에게도 못할 짓이네. 친한 친구와 대화하면서 마음은 딴 데 가 있다면 친구도 이를 금방 알아차리지 않겠나? 몇 년 전에 자네가 나를 보러 왔을 때 나는 큰 타격을 입은 상태였는데, 마치 아무런 문제도 없다는 듯이 대하려고 했었네. 그러나 자네가 5분 만에 이를 간파하는 바람에 결국 실토하고 말았지. 이어지는 자네의 말을 듣고는 상황을 감추려던 나 자신이 부끄러웠네.

하나님 앞에 내놓을 우리의 갈망이 회개해야 할 죄뿐일

수도 있지만, 그렇게 내놓아야 그것이 죄인지도 확실히 알 수 있네. 다만 자네의 문제는 그런 의미의 악한 갈망이 아니었어. 그 자체로는 순수한 갈망이니까 그 중요도가 정당한 수준을 넘어설 때에만 죄가 되더라도 되겠지.

확신하건대, 우리가 계속 생각하고 있는 주제라면 당연히 기도의 주제도 되어야 하네. 그것이 회개든, 간구든, 아니면 양쪽이 조금씩 섞여 있는 경우든지 말일세. 양쪽이 섞인 경우란 아마도 지나친 부분에 대한 회개와 우리가 갈망하는 것에 대한 간구가 섞인 것이겠지.

떠오르는 생각을 억지로 밀쳐 내다 보면 나머지 기도까지 다 망치지 않는가? 우리가 숨김없이 다 내놓으면 하나님이 지나친 부분을 알맞게 조정해 주신다네. 머릿속에서 떨치려 할수록 오히려 속수무책으로 잡념에 짓눌릴 뿐이야. "소음은 듣지 않으려 할 때 가장 크게 들린다"라는 말도 있지 않은가. 질서가 바로 잡힌 사고방식은 기도로 구할 복이지 기도하기 위해 꾸며 입는 옷이 아니라네.

그리고 작은 시련 속에서 하나님을 찾지 않으면 큰 시련이 닥쳐올 때도 쓸 만한 **습관**이나 방책이 없어. 마찬가지로 하나님께 유치한 것을 구할 줄 모르면 아마 큰 것도 쉽

떠오르는 생각을 억지로 밀쳐 내다 보면
나머지 기도까지 다 망치지 않는가?
우리가 숨김없이 다 내놓으면
하나님이 지나친 부분을 알맞게 조정해 주신다네.
머릿속에서 떨치려 할수록
오히려 속수무책으로 잡념에 짓눌릴 뿐이야.
질서가 바로 잡힌 사고방식은 기도로 구할 복이지
기도하기 위해 꾸며 입는 옷이 아니라네.

게 구하지 못할 걸세. 너무 고상해서는 안 되네. 때로 우리가 작은 일로 기도하지 않는 이유는 하나님의 위엄보다는 우리의 체면 때문이지.

《개인 기도 Letters to Malcolm》, 4장

여담이지만, 기도를 시작한 뒤로 내 극단적이던 인간관이 변하고 있네. 나 자신의 경험적 자아가 갈수록 더욱 소중해지는데, 이는 자존심과는 정반대일세. 씨앗에게 죽어서 나무가 되는 법을 가르치기 위해 씨앗을 불속에 던지지는 않지. 그리고 심을 만하려면 먼저 좋은 씨앗이 되어야 하네.

Collected Letters(서한집), 1935년 12월

오웬 바필드에게

기도와 '하나님의 섭리'는
어떻게
맞물리는가?

모든 사건은 '기적'과 '자연적 사건' 둘로 나뉜다. 기적은 역방향의 자연사 즉 사건 발생 이전의 시간과 맞물려 있지 않고, 자연적 사건은 맞물려 있다.

그런데 많은 경건한 사람이 특정한 사건을 기적의 의미가 아닌 "섭리" 혹은 "특별 섭리"로 표현한다. 대체로 여기에는 기적과는 별개로 섭리인 사건도 있고 그렇지 않은 사건도 있다는 생각이 깔려 있다. 그래서 일각에 따르면 일반적인 날씨는 섭리가 아니지만 수많은 영국군의 철수를 가능하게 했던 덩케르크의 날씨는(제2차 세계대전 기간 1940년 5월 26일부터 6월 4일까지 통계적으로는 거의 불가능했던 절묘한 날씨가 덩케르크 지역에 계속되었다. 독일군의 공격은 불가능하면서 동시에 연합군이 철수하는 데는 적합했던 기상 상태가 이어지면서, 수만 명의 연합군 병력이 독일군의 폭격을 피해 철수하는 데 성공했다-편집자) "섭리"였다. 기도 응답이지만 기적은 아닌 사건도 있다는 기독교 교리는 얼핏 그런 의미로 보인다.

그러나 기적도 아니고 그저 "예삿일"도 아닌 중간급 사건을 상상하기가 나로서는 무척 힘들다. 덩케르크의 날씨는 그때껏 쌓여 온 물리적 우주 역사가 낳도록 되어 있던 필연적 산물이거나 그렇지 않거나 둘 중 하나다. 필연적 산물이라면 어째서 "특별" 섭리인가? 필연적 산물이 아니라면 그 날씨는 기적이었다.

그러므로 (기적과 별도로) "특별 섭리"로 구분될 만한 특별 등급의 사건이 있다는 개념은 내가 보기에 폐기되어야 한다. 섭리의 개념과 더불어 기도의 효력에 대한 믿음까지도 완전히 버리지 않을 바에야, 모든 사건은 당연히 똑같이 섭리다.

하나님이 모든 일의 경과를 지휘하실진대 매 순간 모든 원자의 운동까지도 지휘하신다. 그 지휘 없이는 '참새 하나도 땅에 떨어지지 않는다'(마 10:29). 자연적 사건의 "자연성"은 하나님의 섭리에서 용케 벗어나 있다는 뜻이 아니라 정해진 "법칙"에 따라 동일한 시간과 공간 속에서 인과로 맞물렸다는 뜻이다.

어떤 사안의 실상을 조금이라도 알려면 때로 '허상'에서 출발해 고쳐 나가야 한다. 섭리에 관한 허상은 다음과 같다 (이것이 허상인 이유는 하나님과 자연을 둘 다 동일한 시간 속에 가두기 때문이다).

자연의 모든 사건은 자연법의 작용이 아니라 모두 앞서 일어난 사건이 낳은 결과다. 최초의 자연적 사건이 무엇이

었든지 그것이 장기적으로 다른 모든 사건을 이미 결정지었다. 즉 창조의 순간에 하나님은 최초의 사건을 "법칙"의 틀에 넣어 시동을 거셨고, 그리하여 자연사 전체를 정해 놓으셨다. 역사의 모든 부분을 내다보고 그렇게 의도하신 것이다. 그분이 덩케르크의 날씨가 다르기를 원하셨다면 최초의 사건을 약간 다르게 시작하셨을 것이다.

그러므로 실제로 그때 덩케르크의 날씨는 지극히 엄밀한 의미에서 섭리였다. 세상이 창조될 때부터 목적이 있어 그렇게 정해졌다. 다만 그 사건이 지금 이 순간 토성의 고리를 이루는 모든 원자의 정확한 위치보다 더 큰 섭리는 아니었다(물론 우리에게 더 흥미롭기는 하지만).

(이런 허상의 논리에 따르면) 결국 모든 물리적 사건은 수많은 목적에 부합하도록 이미 결정된 상태다. 그렇게 본다면 하나님은 덩케르크의 날씨를 예정하실 때 그것이 두 나라의 운명에는 물론이고 두 나라에 속한 모든 개인, 근방의 모든 동식물과 광물, 끝으로 우주의 모든 원자에까지 미칠 영향을 십분 고려하신 셈이다. 과장된 말 같겠지만, 사실은 한낱 인간 소설가도 날마다 줄거리를 짤 때 쓰는 똑같은 기술을 전지하신 그분께 무한대로 귀속시킨 것뿐이다.

내가 소설을 쓴다고 하자. 몇 가지 문제가 놓여 있다. 1) 노인 A는 소설의 15장 이전에 죽어야 한다. 2) 그는 급사하는 게 좋다. 그전에 유언장을 변경하면 안 되기 때문이다. 3) 그의 딸인 여주인공은 최소한 석 장에 걸쳐 런던을 떠나 있어야 한다. 4) 남자 주인공은 7장에서 잃어버린 여자 주인공의 호감을 어떻게든 되찾아야 한다. 5) 젊은 속물 B는 책이 끝나기 전에 개심하고 자만심을 버려야 하므로 큰 도덕적 충격이 필요하다. 6) B의 직업은 아직 정해지지 않았으나 인물이 전개되는 과정에서 직장을 얻고 실제로 근무하는 장면이 나와야 한다.

이상 여섯 가지를 도대체 어떻게 다 끼워 맞출 것인가? 방법이 있다. 기차 사고라면 어떨까? A는 사고사로 해결된다. 아예 유언장을 변경할 목적으로 런던에 변호사를 만나러 가다가 사고가 날 수도 있다. 여기에 딸도 동행해야 한다면 얼마나 자연스럽겠는가. 딸이 사고로 가벼운 부상이라도 입으면 얼마든지 석 장 정도 이야기가 진행되는 동안 런던에 갈 수 없다. 남자 주인공도 마침 같은 기차에 탈 수 있다. 그가 사고에 아주 침착하고 용감하게 대처해 불타는 객차에서 여자 주인공을 구해 내는 것으로 하자. 그러면 4번의 조건도 해결된다.

젊은 속물 B는 어떤가? 근무 태만으로 열차 사고를 유발한 신호수로 설정하면 된다. 그러면 도덕적 충격도 확보되고 전체 줄거리와도 얽혀든다. 이렇듯 열차 사고만 구상해 내면 그 사건 하나로 서로 별개인 듯한 여섯 가지 문제가 다 해결된다.

물론 이 비유는 몇 가지 심각한 오도의 소지가 있다. 첫째로, (속물 B의 경우만 제외하고는) 내 주안점이 등장인물을 잘되게 하는 게 아니라 독자를 즐겁게 하는 데 있다. 둘째로, 열차 사고가 열차에 탄 나머지 다른 사람들에게 미칠 영향은 전혀 고려되지 않았다. 끝으로, B가 신호를 잘못 보낸 것은 작가인 내가 그렇게 만들어서다. 그에게 자유 의지를 주는 척만 하고 사실은 주지 않은 것이다.

이런 한계에도 불구하고 어쩌면 이 사례를 통해 어떻게 하나님이 우주의 물리적 "줄거리"를 창의적으로 구상하여 무수한 피조물의 필요에 "섭리"로 답하실 수 있는지를 엿볼 수도 있다.

하지만 일부 피조물은 실제로 자유 의지가 있다. 바로 여기서부터 우리는 여태 제시한 섭리의 명백한 허상을 고쳐야 한다. 앞서 말했듯이 그것이 허상인 이유는 만일 제시한 대로라면 하나님과 자연이 동일한 시간 속에 존재하기 때문이다. 하지만 자연은 딱히 시간 속에 있지 않을 소지가 높고, 하나님은 거의 확실히 시간을 초월하신다. 시간도 (관점처럼) 어쩌면 우리의 지각 방식이다. 그러므로 실제로 하나님이 어느 한 시점(창조의 순간)에 우주의 물리적 역사를 미리 조정하셔서, 당신이나 내가 이후의 다른 시점에 수행할 자유로운 행위에 그것을 맞추셨을 가능성은 전무하다.

모든 물리적 사건과 모든 인간의 행위가 그분께는 영원한 '지금'으로 현존한다. 유한한 인간에게 자유 의지를 허락하시고 (복잡다단할 수밖에 없는 그 의지의 행위에 맞물리게끔) 우주의 물리적 역사 전체를 창조하시는 일이 그분께는 단일한 작업이다. 이런 의미에서 하나님은 우주를 먼 옛날에 창조하신 것이 아니라 이 순간(매 순간) 창조하고 계시다.

종이 위에 검은색 물결선 하나가 이미 그려져 있다고 하자. 이제 나는 자리에 앉아 (예컨대 빨간색) 선들을 더 그어 검은 선과 합해서 무늬를 이룰 수 있다. 본래의 검은 선에 의식consciousness이 있다고 가정하자. 단, 전체 길이를 한꺼번에 다 의식하지는 못하고 차례로 지나가는 각 지점만 의식한다.

실제로 이 의식은 선을 따라 왼쪽에서 오른쪽으로 이동한다. B 지점에 이르면 A 지점은 기억으로만 남고, B 지점을 떠나기 전에는 C 지점을 의식할 수 없다. 이 검은 선에 자유 의지도 부여하자. 스스로 방향을 정해서 이동한다는 말이다. 기존의 물결 모양도 자신의 뜻대로 된 것이다. 그런데 이 선은 자신이 선택한 모양을 순간 단위로만 의식하므로, F 지점에서 어느 쪽으로 돌지를 D 지점에서는 알지 못한다.

반면에 나는 그 모양 전체를 한꺼번에 다 볼 수 있다. 내 빨간 선들은 매 순간 기다리고 있다가 그 선에 맞추어 움직인다. 당연하다. 빨간색과 검은색을 섞어 전체 무늬를 도안하는 내가 검은 선의 전 구간을 한눈에 보면서 이를 적절히 살려 내기 때문이다. 불가능한 일이 아니라 도안자의 솜씨만 좋으면 된다. 지점마다 빨간 선들을 검은 선과 잘 어울리고 빨간 선끼리도 서로 잘 어울리도록 그으면, 지면 전체를 만족스러운 문양으로 채울 수 있다.

이 비유에서 '검은 선'은 자유 의지를 지닌 피조물을, '빨간 선'들은 물리적 사건을, '나'는 하나님을 각각 상징한다.

물론 비유가 더 정확해지려면 내가 무늬만 아니라 종이까지 만들어야 하고, 검은 선이 하나가 아니라 수십억 개라야 한다. 그러나 단순성을 살리는 취지에서 계속 이대로 이야기를 이어 가겠다.

만일 검은 선이 내게 기도한다면 내가 (원할 경우) 들어줄 수도 있다. 예컨대 그 선은 자신이 N 지점에 이를 때 주위의 빨간 선들을 특정한 모양으로 배치해 달라고 기도한다. 그러려면 도안 원리상 종이의 다른 위치에 배치될 빨간 선들과도 균형을 이루어야 한다. 그중 더러는 맨 상단이나 하단에 멀리 떨어져 있어 검은 선으로서는 전혀 아는 바가 없다. 또 더러는 그 선이 시작되기 전인 왼쪽 끝에도 있고, 더러는 선이 끝난 후인 오른쪽 끝에도 있다(검은 선은 종이의 이 두 부분을 각각 "자신이 태어나기 전의 시간"과 "자신이 죽은 후의 시간"으로 칭할 것이다).

그러나 N 지점의 빨간 선을 검은 선이 원하는 대로 그리느라 다른 부위의 무늬까지 바꾸어야 한다 해도, 내가 그 기도를 들어주는 데 지장은 없다. 종이를 보는 순간 검은 선의 전 구간이 내 눈에 들어왔고, N 지점에 대한 그의 요청까지 고려해 전체 문양을 결정했기 때문이다.

면밀히 분석해 보면 우리는 대부분의 기도로 기적 아니면 어떤 사건을 구하는데, 후자의 사건은 내가 태어나기 전에 즉 우주가 시작될 때 이미 그 기초가 놓였을 수밖에 없다. 그런데 (내게는 아니어도) 하나님께는 나라는 존재와 1945년에 드리는 내 기도가 창세전이나 지금이나 백만 년 후에나 다 똑같이 현재다. 하나님의 창조 행위는 시간을 초월하며, 거기에 끼어드는 "자유로운" 존재와도 시간을 초월해서 맞물린다. 시간을 초월하는 이 조우가 우리에게는 순차적 기도 응답으로 인식되는 것이다.

여기서 두 가지 추론이 파생된다.

첫째, 흔히들 (기적이 아닌) 어떤 사건이 정말 기도 응답이었는지 여부를 묻는다. 그들도 자신의 생각을 분석해 보면 알겠지만 그건 이렇게 묻는 것이나 같다. "이 사건은 하나님이 특별한 목적이 있어 일으키신 것인가, 아니면 일의 자연스러운 경과로 어차피 벌어졌을 사건인가?" 하지만 그러면 ("아내에게 폭력을 행사하는 행위를 그만두었습니까?"라는 유명한 유도 질문처럼) 어느 쪽의 답도 불가능해진다.

희곡 《햄릿》에 등장하는 오필리아는 강물 위로 뻗어 나간 나뭇가지에 오르다가 가지가 부러지는 바람에 추락하여 익사한다. "오필리아의 죽음은 셰익스피어가 문학적 장치로 그 순간에 그 죽음을 원했기 때문인가, 아니면 가지가 부러졌기 때문인가?" 누군가 이렇게 묻는다면 당신은 뭐라고 답하겠는가? "둘 다 그 이유다"라고 답할 수밖에 없다.

극중에서 일어나는 모든 사건은 다른 사건의 결과로 발생하지만, 동시에 작가의 의중이 그렇기 때문이기도 하다. 극중에서 일어나는 모든 사건이 셰익스피어의 의중이듯, 현실 세계의 모든 사건도 하나님의 섭리다. 그럼에도 극중 모든 사건은 인과적 논리의 결과다(그래야 한다). 마찬가지로 (기적을 제외하고는) 현실 세계의 모든 사건도 자연적 원인 때문에 발생한다. "섭리"와 자연적 인과는 양자택일이 아니라 하나다. 양쪽이 공히 각 사건을 결정한다.

둘째, 예컨대 전쟁이나 병원 검사의 결과를 위해 기도할 때면 문득 (우리가 몰라서 그렇지) 양단간의 결과가 이미 정해져 있다는 생각이 자주 든다. 하지만 그렇다고 기도를 그만두어서는 안 된다. 물론 결과는 "창세전부터" 결정되어 있다. 그러나 우리가 지금 드리는 이 기도도 그 결정에 참작되어 실제로 해당 사건을 유발하는 원인으로 작용한다. 그래서 어불성설 같겠지만, 사건은 오전 10시에 발생하는

데 우리는 정오에 그 사건의 일부 원인이 될 수도 있다(일반 대중보다 일부 과학자에게 더 쉽게 이해될 것이다).

물론 이 개념은 당장 우리에게 온갖 딴죽을 건다. 우선 이런 의문이 든다. "내가 기도를 그만두면 하나님이 되돌아가 이미 발생한 사건을 변경하실 수도 있는가?" 그렇지 않다. 사건은 이미 발생했고, 당신이 지금 기도 대신 이런 질문을 하고 있다는 사실까지도 그 원인으로 작용했다. 반대의 의문도 있다. "그럼 내가 기도를 시작하면 하나님이 이미 발생한 사건을 되돌리신다는 말인가?" 역시 그렇지 않다. 사건은 이미 발생했고, 당신이 지금 드리는 기도도 그 원인의 하나다.

이렇듯 어떤 일은 정말 내 선택에 달려 있다. 나의 자유로운 행위가 우주의 형성에 기여한다. 이 기여는 영원 속에서 또는 "창세전부터" 이루어졌으나 다만 순차를 따라 특정 시점에 내게 인식될 뿐이다.

또 이런 의문도 들 수 있다. 틀림없이 몇 시간 전에 실제로 일어났거나 일어나지 않았을 사건인데도 (우리가 아직 이를 모를 때) 이를 위해 기도하는 것이 합리적이라면, 결과가 **이미 밝혀진** 사건을 위해서는 왜 기도할 수 없는가? 예컨대 어제 분명히 죽은 사람을 안전하게 해 달라고 구하는 기도가 이에 해당한다. 차이는 바로 우리가 결과를 안다는 사실에 있다. 이미 밝혀진 결과는 그대로 하나님의 뜻이다. 얻을 수 없는 것인 줄 뻔히 알면서도 그것을 얻고자 기도하기란 심리적으로 불가능하다. 가능하다 해도 그 기도는 하나님의 알려진 뜻에 복종해야 할 본분에 역행하는 죄다.

도출해야 할 결론이 하나 더 있다. 기적이 아닌 특정 사건이 기도 응답인지 아닌지를 경험적으로 입증하기란 불가능하다. 기적이 아니기에 회의론자는 늘 자연적 원인을 가리키며 "이런 원인 때문에 이 사건은 어차피 일어났을 일이다"라고 말할 수 있다. 그러면 늘 신자 쪽에서는 "하지만 그런 원인은 인과 사슬의 연결 고리에 불과하고, 전체 사슬은 하나님의 뜻에 달려 있으므로 이 사건은 누군가의 기도 때문에 일어났을 수도 있다"라는 대응이 가능하다.

요약하자면 의지를 구사하지 않고는 기도의 효력을 주장할 수도 없고 부정할 수도 없다. 의지가 각자의 세계관에 따라 신앙을 수용하기도 하고 거부하기도 한다. 그래서 둘 중 어느 쪽에도 실험적 증거는 존재할 수 없다.

M에서 N으로, N에서 O로 이어지는 흐름에서 사건 N은

기적이 아닌 한 항상 M에서 유발되고 O를 유발한다. 그러나 진정한 관건은 (예컨대 A부터 Z까지의) 전체 흐름이 누군가의 의지에서 기원하는지 여부다. 누군가의 의지에서 기원한다면 그 의지의 주체가 각 사건에 인간의 기도도 반영할 수 있다.

경험적 증명은 신앙을 위해서라도 불가능해야만 한다. 어떤 사건의 발생이 자신의 기도 덕임을 경험적으로 아는 사람이 있다면, 스스로가 마법사처럼 느껴질 것이다. 그러다 보면 머리가 점점 어수선해지고 마음이 부패한다. 그리스도인은 이런저런 사건이 자신이 그렇게 기도했기에 일어났는지 여부를 물어서는 안 된다. 오히려 모든 사건이 예외 없이 **기도 응답임을** 믿어야 한다. 기도한 대로 받든 그렇지 않든 관계없이, 관련자 전원의 기도와 필요가 모두 참작되었다는 의미에서 말이다.

하나님은 모든 기도를 들으시되 무조건 다 구하는 대로 주시지는 않는다. 우리의 운명을 대부분은 저절로 돌아가다가 가끔씩 우리의 기도를 덤으로 끼워 넣을 수 있는 영화 필름 같은 것이라 착각해서는 안 된다. 오히려 필름이 돌아가면서 전개되는 내용에는 우리의 기도와 모든 행동의 결

그리스도인은 이런저런 사건이
자신이 그렇게 기도했기에 일어났는지 여부를
물어서는 안 된다.
오히려 모든 사건이 예외 없이
기도 응답임을 믿어야 한다.
기도한 대로 받든 그렇지 않든 관계없이,
관련자 전원의 기도와 필요가
모두 참작되었다는 의미에서 말이다.

과가 이미 포함되어 있다.

어떤 사건이 발생한 까닭이 **당신의 기도 때문인지 아닌지는** 문제가 못 된다. 일이 기도한 대로 되는 경우 당신의 기도는 늘 거기에 기여했다. 일이 반대로 되더라도 당신의 기도는 무시되지 않고 참작되었다. 다만 당신의 궁극적 유익과 온 우주의 유익을 위해 거부되었을 뿐이다(예를 들어, 악인까지 포함해서 모든 사람이 자유 의지를 구사하는 쪽이 인류를 로봇처럼 만들어 당신을 학대나 배반으로부터 보호하는 쪽보다는 장기적으로 당신과 모든 사람에게 더 유익하다). 요컨대 이는 신앙의 문제이며 앞으로도 그래야 한다. 자신에게만 유리한 쪽으로 특별한 증거를 찾으려 한다면 이는 자신을 속일 뿐이다.

―――

《기적 Miracles》, "'특별 섭리'에 대해"

신유를 시도하는 그리스도인 개개인의 동기가 진정한 믿음과 사랑인지 아니면 영적 교만인지는 우리가 판단할 수 있는 문제가 아닙니다. 하나님과 그 사람 사이의 일이니까요. 해당 질병이 완치될지 여부는 당연히 의사가 판단할 문제고요. 지금 나는 기름을 붓거나 안수하는 등의 **행위**로 이루어지는 치유를 말하는 겁니다.

명백한 행위 없이 아픈 사람을 위해 **기도만** 하는 것도 당연히 괜찮으며, 실제로 우리는 성경에 명한 대로 모든 사람을 위해 기도해야 합니다. **물론** 당신의 기도는 효력이 있습니다. 말할 것도 없이 자동 판매기나 소위 마법처럼 자동은 아닙니다. 기도는 요청이니까요. …… 기도의 효력을 통계 수치로 입증할 수는 없습니다. ……

관건은 신앙이고 또 하나님의 인격적 반응입니다. 기도가 비인격적이거나 기계적일 때만 입증의 문제로 변합니다. "인격적"이라는 말은 개인적이라는 뜻이 아닙니다. 우리의 모든 기도는 그리스도의 끊임없는 기도와 연합되어 있으며 전체 교회가 드리는 기도의 일부입니다. (내 경우 싫은 사람을 위해 기도할 때, 상대를 위한 **그분의** 기도에 내가 동참하고 있음을 기억하면 도움이 됩니다.)

Collected Letters(서한집), 1951년 1월 5일

아놀드 여사에게

기도하려면
병적이리만치 내 죄를
성찰해야 하는가?

하나님은 당신의 사무실이나 교구나 학교나 병원이나 공장이나 가정을 보실 때 다른 모든 사람만 아니라 당신도 보신다. 그런데 당신에게는 당신이 보이지 않는다. 다른 사람들의 결점을 고쳐 주려고 우리가 아무리 노력했어도 번번이 수포로 돌아갔듯이, 확신컨대 우리에게도 똑같이 다른 사람들의 노력을 번번이 좌초시킨 치명적 결점이 있다.

신자로서의 삶을 이제 막 시작한 사람은 자신의 치명적 결점을 똑똑히 알 길이 없다. 입 냄새가 나는 사람이 자신에게 입 냄새가 난다는 사실을 알까? 모임을 따분하게 하는 사람이 정작 자신이 그 모임을 지루하게 만들고 있음을 알까? 싱글 남자나 여자 중에 자신이 고리타분하거나 기질상 질투심이 많다고 생각할 사람이 있을까? 그런데 세상에는 고리타분하거나 걸핏하면 질투하는 사람이 은근히 많다. 우리에게도 그런 면이 있다면 분명 나보다 다른 모든 사람이 먼저 알아차릴 것이다.

당신은 친구들에게 왜 말해 주지 않았느냐고 따져 물을지 모른다. 하지만 이미 말해 주었다면 어찌할 것인가? 어쩌면 그들은 몇 번이고 시도했을 수 있다. 그런데 그때마다 당신은 되레 상대가 이상하거나 성질이 못됐거나 무조건

틀렸다고 간주했다. 그래서 그들도 결국 포기했을 것이다.

그러니 어찌할 것인가? 사람들이 치명적 결점을 거론해도 본인이 모른다면 무슨 소용이겠는가? 내 생각에 첫걸음은 본인이 아는 결점에서부터 시작하는 것이다. 그리스도인들에게 하는 말이다. 그중에는 그리스도인의 여정에서 나보다 한참 앞선 사람도 틀림없이 많을 것이다. 우리는 적어도 종이에 죄를 쭉 적어 일일이 진지하게 참회해야 한다.

두 가지 위험만 피한다면 알다시피 한낱 말에도 위력이 있다. 하나는 사소한 문제를 신파조의 죄로 부풀리는 요란한 과장이고, 또 하나는 반대로 대충 얼버무리는 위험이다. 여느 누구에 대해 말할 때처럼 반드시 간단명료하게 직설적으로 말해야 한다. "속일 뜻은 없었다", "그때는 내가 너무 어렸다", "홧김에 그랬다"라고 할 게 아니라 도둑질이나 간음이나 미움 같은 단어를 쓰라는 뜻이다.

이처럼 자신이 아는 결점을 꾸준히 직시하고, 변명 없이 하나님 앞에 가져가 진지하게 용서와 은혜를 구하며, 힘닿는 한 더 나아지기로 결심해야 한다. 그래야만 비로소 치명적 결점도 서서히 눈에 들어온다. 그 결점이 늘 버티고 있는 통에 우리는 배우자를 한껏 올바르게 대하지 못하고 더 나은 고용주나 종업원이 되지 못한다. 이런 과정을 거친다면 우리 대부분이 "통회하다", "비참하다", "견딜 수 없다"와 같은 직설적 표현에 공감하고 그것을 따라할 것이다.

내 말을 듣고 몹시 침울해졌는가? 기독교는 병적으로 성찰을 부추기는가? 오히려 그 반대가 훨씬 더 병적이다. 자신의 죄를 생각하지 않는 사람은 이를 벌충하려고 끊임없이 다른 사람들이 저지른 죄를 생각한다. 그보다는 자신의 죄를 생각하는 편이 더 건강하다. 이는 병적인 상태와는 반대일 뿐 아니라 긴 안목으로 보면 별로 침울할 것도 없다. 자신의 죄를 제대로 알고 회개하려는 진지한 시도는 결국 홀가분하게 짐을 더는 과정이다.

물론 낙심이나 두려움으로 시작해 큰 고통이 뒤따를 수밖에 없다. 그러나 장기적으로 보면 회개하지 않고 성찰하지 않은 죄가 쌓여 마음 한구석에 도사리고 있을 때의 괴로움보다는 훨씬 덜하다. 치통이 있어 치과에 가야 할 때와 썩은 이를 뽑고 나서 그저 개운한 통증이 점차 가라앉고 있음을 알 때의 차이와도 같다.

《피고석의 하나님 *God in the Dock*》, "비참한 범죄자"

자신의 죄를 생각하지 않는 사람은
이를 벌충하려고 끊임없이
다른 사람들이 저지른 죄를 생각한다.
자신의 죄를 제대로 알고 회개하려는
진지한 시도는
홀가분하게 짐을 더는 과정이다.

기도 방식을 수시로 바꾸는 것은 지극히 옳으며, 진지하게 기도하는 사람이라면 누구나 그럴 것입니다. 사람의 필요와 역량이 변하는 데다 우리 같은 피조물로서는 탁월한 기도도 너무 오래 써먹으면 "불통이 될" 수 있으니까요.

다른 사람이 작성한 기도문을 활용할 것인지, 자신의 말로 할 것인지, 말없이 기도할 것인지, 이 셋을 어떤 비율로 섞을 것인지 등은 전적으로 각자의 경험을 바탕으로 답할 문제라 봅니다. 내 경우는 할 수만 있다면 침묵 기도가 가장 좋지만, 이는 잡념이 거의 없고 영육 간의 건강 상태가 (내 기준으로) 최상일 때에만 가능합니다. 하지만 사람에 따라 사뭇 다를 수 있습니다.

Collected Letters(서한집), 1952년 10월 20일

아놀드 여사에게

기도할 때
조심해야 할 덫은
무엇인가?

편집자 일러두기
루이스는 스크루테이프라는 가상의 마귀를 설정해 그의 입장에서 《스크루테이프의 편지》를 썼다. 후배 마귀 웜우드는 이 스승에게서 유혹을 더 잘하기 위한 조언을 받아 특정 인간을 맡아서 유혹한다. 우리 영혼의 생리에 대한 이 통찰력 있는 고찰에서 유익을 얻기 위해서는 독자가 해석을 가미해야 한다. 예컨대 여기서 "원수"는 마귀 입장에서 바라본 하나님을, "환자"는 인간을 가리키는 용어다.

'영적'이라는 개념에 매몰되는 것

친애하는 웜우드에게.

…… 물론 네 환자가 자기 어머니를 위해 기도하는 것을 우리가 막을 도리는 없다. 그러나 그의 기도를 무용지물로 만들 방책은 있지. 그가 늘 아주 "영적"으로 기도하도록 만들면 된단다. 어머니가 시달리는 류머티즘일랑 제쳐 둔 채 그저 늘 어머니의 영적 상태에만 신경 쓰게 하는 것이다. 이렇게 하면 두 가지 이점이 있다.

첫째로, 네 환자의 관심이 환자 어머니의 죄에 고착된다. 네가 조금만 유도해 준다면, 여기서 죄란 환자에게 불편하거나 환자 눈에 거슬리는 어머니의 모든 행동이 되지. 이로써 너는 그가 무릎 꿇고 있는 동안에도 그날의 상처에 계속 소금을 뿌릴 수 있다. 이건 전혀 어려운 작전이 아니야. 오히려 아주 재미있을 게다.

둘째로, 어머니의 영혼에 대한 환자의 생각이 심히 조잡하고 대부분 잘못되어 있다 보니, 기도 제목이 되는 대상도 어느 정도 가상 인물로 변한다. 이때 네가 할 일은 날마다 점점 더 그 가상 인물을 그의 실제 어머니(아침 밥상머리에서 독설을 내뱉는 노파)와 달라지게 하는 것이다.

그러다 보면 점점 그 틈이 벌어져 나중에는 가상의 어머니를 위해 기도할 때의 감정이나 생각이 현실의 어머니를 대하는 자세로 전혀 이어지지 않게 되지. 내 경우 환자들을 워낙 손안에 두고 주무르다 보니, 아내나 아들의 "영혼"을 위해 열심히 기도하던 자가 순식간에 아무런 가책도 없이 아내나 아들을 때리거나 욕설을 퍼붓곤 한단다. ……

지난번 편지에 네가 쓴 섣부른 건의를 보고 경각심이 들어 이번 기회에 기도라는 이 괴로운 주제를 확실히 짚고 넘어가려 한다. 어머니를 위한 네 환자의 기도와 관련해 내가 건넨 조언이 "결국 매우 부적절했습니다"라니, 그 말은 삼가는 게 좋을 뻔했다. 삼촌 앞에서 조카가 할 법한 바른 말본새도 아닐뿐더러 후배 유혹자가 부서의 차관에게 할 말은 더욱 아니지. 게다가 책임을 전가하려는 불온한 속셈마저 엿보이더구나. 네가 저지른 실책에 상응하는 대가는 네 스스로 치를 줄 알아야 한다.

가능한 한 네 환자에게 진지하게 기도할 생각이 아예

들지 못하게 하는 게 최선이다. 네 환자처럼 상대가 최근에 원수의 도당에 복귀한 성인인 경우, 어린 시절 앵무새처럼 따라했던 자신의 기도를 기억하도록 부추기면 제일 좋다.

그러면서 동시에 반대로 격식과 규율에 얽매이지 말고 지극히 자연스럽게 내면의 기도를 해 보라고 선동하는 거지. 초보자가 실제로 그런 기도를 하려면 자기 속에 막연한 신앙의 **감정**을 자아내야 하고, 의지와 지식에 올바로 집중하는 일 따위는 거기서 배제되고 만다.

그들과 한패인 새뮤얼 콜리지라는 시인은 자신이 "무릎 꿇고 입술을 달싹여" 기도한 게 아니라 그냥 "사랑에 침잠한 영혼"으로 "간구의 느낌"에 잠겼노라고 썼다. 이게 바로 우리가 바라는 기도다!

이 기도는 원수를 섬기는 데 훨씬 앞서가는 사람들이 실천하는 침묵 기도와 외관상 비슷해. 그래서 영악하고 게으른 환자들은 아주 오랫동안 거기에 속을 수 있지.

적어도 그들에게 몸자세를 어떻게 하건 기도가 달라질 건 하나도 없다고 속여야만 한다. 그들이 자꾸 잊어버리지만 너만은 늘 기억해야 할 사실이 있는데, 그들이 몸으로 무엇을 하든 그 영향이 영혼에까지 미친다는 것이다.

우습게도 인간들은 우리가 자기네 머릿속에 무언가를 주입한다고 늘 생각하지만, 사실 우리의 일은 무언가를 차단할 때 제일 성과가 좋다.

이 방법이 통하지 않거든 더 교묘하게 환자의 의도를 비틀어라. 그들이 원수에게 집중하는 한 우리는 매번 패할 뿐이야. 다행히 이를 막을 방도가 있는데, 가장 간단한 수법은 네 환자의 시선을 원수에게서 환자 자신에게로 돌려놓는 것이다. 계속 환자 자신의 생각에 주목하면서 의지적 행위로 **감정**을 짜내게 해 봐라.

환자가 원수에게 사랑을 구하려 하거든, 먼저 환자 스스로 사랑의 감정을 지어내게 해. 단, 자신이 그러고 있는 줄을 절대 알아차리지 못하게 해야 한다. 기도로 용기나 용서를 얻고자 하거든, 그저 자신이 이미 용감하다거나 용서받았다고 느끼려 애쓰게 하는 거다. 매번 원하는 감정을 제대로 느끼게 되었는지에 따라 자신이 한 기도의 점수를 매기도록 길들여라. 그러면서 이런 성패가 다분히 그 순간 자신의 몸이 건강한지 아픈지, 상쾌한지 피곤한지에 달려 있다는 사실을 전혀 눈치 채지 못하게 해야 한다.

물론 그러는 동안 원수도 가만히 있을 리가 없다. 기도가 있는 곳에는 언제고 원수가 직접 행동할 위험이 따르거든. 원수는 자신의 위엄이나 순전히 영인 우리의 체면에는 얄궂도록 무심한 반면, 무릎 꿇은 인간 동물에게 자아를 깨우쳐 줄 때는 아주 뻔뻔스러울 만큼 후하니 말이다.

그러나 방향을 비틀려던 네 첫 시도가 환자에게 막혔다 해도 우리에게는 더 교묘한 무기가 있다. 우리는 불행히도 원수와 마주하는 대면을 피할 수 없다만, 인간은 처음에 원수를 직접 지각하지 못해. 우리 삶을 영영 고통스럽게 하는 원수의 무시무시한 광채와 매섭게 불타는 눈빛을 인간들은 여태 모른다. 기도하는 네 환자들의 생각을 들여다보면 거기에는 **그 인식이** 없음을 알 수 있다.

환자가 기도하는 대상을 잘 살펴보면 알겠지만 거기엔 사뭇 우스꽝스러운 요소가 많이 섞여 있다. 어떤 이미지는 원수가 수치스러운 성육신 기간에 보여 준 모습에서 나온 것이고, 더 모호한(어쩌면 아주 야만적이고 유치한) 다른 이미지는 나머지 두 위격(성부와 성령-옮긴이)과 관계된다. 심지어 주관적 경외심을 (그에 따르는 신체 감각과 함께) 객관화해 그대로 경외하는 대상의 속성으로 여기기도 한다.

그동안 내가 겪었던 사례들을 보면, 환자가 부르는 "하나님"이 사실은 방 천장의 왼쪽 모서리나 자기 머릿속이나 벽에 걸린 십자가상에 **자리해** 있었다. 그 대상이 무엇으로 뒤섞여 있든 너는 늘 네 환자가 **그것에게**, 다시 말해 자기를 지은 인격체가 아니라 자기가 지어낸 사물에게 기도하게 만들어야 한다. 네 환자가 기도하는 시간에 이것저것이 잔뜩 혼합된 기도 대상을 더 좋게 다듬는 생각으로 온통 가득 차 있게 된다면 더욱 좋다. 그 일에 엄청난 중요성을 부여하도록 네가 그를 부추기면 된다.

행여 환자가 진위를 구분하여 의식적으로 자기가 기도하는 대상을 "내가 생각하는 주님"이 아니라 "주님이 친히 아시는 주님"으로 바꾸기라도 하면 우리로서는 당장 낭패다.

일단 환자가 원수에 대해 만들어 낸 생각과 이미지가 다 떨어져 나가거나, 설령 남아 있더라도 그게 주관에 불과함을 충분히 인식하면, 그리하여 무형의 타자로 온전히 실존하는 원수(방 안에 함께 있으며, 네 환자를 알지만 환자로서는 다 알 수 없는 존재)의 임재 앞에 자신을 내주기라도 한다면, 그때는 정말 감당 못할 일이 벌어질 수 있다.

이렇게 기도 중에 영혼의 속살이 다 드러나는 상황을 피하는 데 도움이 되는 사실이 있다. 정작 인간은 그 상태를 마땅히 바라야 할 만큼 바라지 않는다는 것이다. 괜히 긁어 부스럼이 될 수 있기 때문이지!

《스크루테이프의 편지 The Screwtape Letters》, 3장

수없이 많은 제 모든 서투른 패배에서

제가 거둔 듯 보이는 모든 승리에서

주님을 위해 발휘한답시고 청중을 웃겼을 뿐

천사들을 눈물짓게 한 내 재주에서

주님의 신성을 증명하는 제 모든 논리에서

저를 구하소서, 표적에 의존하지 않으시는 주님이시여.

생각은 동전에 불과하오니, 제가 주님 대신

닳아서 얄팍해진 동전 속 주님의 초상을

믿지 않게 하소서.

아름다운 침묵의 주님이시여, 임하시어

주님에 관한 모든 생각에서조차 해방시켜 주소서.

좁은 문과 바늘귀의 주님이시여,

내 모든 허튼소리를 거두시어 나를 살리소서.

Poems(시집), "변증자의 저녁 기도"

벌어진 작은 틈을 내버려 두는 것

친애하는 웜우드에게.

…… 네 환자가 여전히 교회에 다니며 성찬에 참여한다니 다행이다. 물론 거기에도 위험은 도사리고 있으나 자기가 처음 몇 달 동안의 뜨거웠던 신앙생활에서 떨어져 나온 상태임을 깨닫는 것보다는 아무래도 낫지. 겉보기에 그리스도인의 습관을 유지하는 한, 여전히 그는 자신에게 몇몇 새 친구와 새 즐길 거리가 생겨났을 뿐 자신의 영적 상태는 6주 전과 거의 똑같다고 생각할 것이다.

환자 본인이 그렇게 생각하는 한, 우리는 그가 확실한 죄를 십분 인정하고 솔직히 회개하는 일에는 굳이 일일이 맞설 필요가 없다. 대신 요즘 들어 자신이 썩 잘 지내지 못하고 있다는 그의 막연하고 불편한 감정에만 맞서 싸우면 된다.

이 은근한 불편함을 신중히 다루어야 한다. 불편한 마음이 너무 세지면 환자가 정신을 차리게 되어 산통이 다 깨질 수 있거든. 또 반대로 네가 그것을 완전히 제압하면(물론 원수가 끝내 이를 허락할 리는 없겠지만) 그것도 썩 좋은 것은 아니다. 그렇게 되면 우리는 이 상황에 써먹기 좋은 요소를 하나 잃는 셈이거든. 그런 감정을 살리되 두뇌 네 환자가 그 감정 때문에 더 이상 저항할 수 없어 진정으로 회개하는 데까지 이르지만 않게 만든다면, 대체로 아주 값진 결과를 얻을 게다. 바로 환자 내면에 원수를 생각하기 싫은 마음이 커지는 것이지.

인간은 누구나 어느 정도는 평소에도 그런 반감이 있다. 그러나 네 환자가 원수를 생각할 때마다 잠재의식 속에 막연한 죄책감이 밀려오고 그 죄책감이 자꾸만 거세진다면 그 반감은 열 배로 증폭되거든. 그러다 나중에는 원수와 연관된 생각이라면 무조건 싫어진다. 돈에 쪼들리는 사람이 통장만 봐도 질색하는 것과 마찬가지지.

이 상태라면 네 환자는 종교적 의무를 빼먹지는 않겠지만 갈수록 점점 더 그것이 싫어질 것이다. 종교적 의무를 치르기 전에는 어떻게든 그 의무를 머릿속에서 떨쳐 내다가 의무를 다 이행한 뒤에는 가능한 한 빨리 잊으려고 할 거야.

몇 주 전만 해도 너는 네 환자의 기도가 진실성을 잃고 잡념에 빠지도록 그를 **유혹해야만** 했다. 그러나 이제 환자

쪽에서 자신의 목적을 흩뜨려 마음이 멍해지게 해 달라고 너에게 두 팔 벌려 애원하다시피 할 거다. 기도에 진실성이 없기를 환자 자신부터가 **원할** 거야. 막상 그에게 원수와 제대로 소통하는 것만큼 두려운 일도 없기 때문이지. 그러니 괜히 긁어 부스럼을 만들려 하지 않을 거다.

이 상태가 좀 더 충분히 굳어지면 너는 환자를 유혹하기 위해 끊임없이 온갖 쾌락을 제공해야 했던 번거로운 작업에서 점차 해방될 게다. 불편한 감정이 있는데도 이를 직시하기가 싫다 보니 네 환자는 모든 진정한 행복에서 점점 더 멀어지게 될 테고 말이야.

게다가 공허하고 짜릿하고 경박한 쾌락도 습관이 되어 버리면, 물론 즐거움은 반감될 테지만 그것을 끊기는 점점 더 어려워진다(다행히 습관은 쾌락에 그런 영향을 미치지). 그래서 무엇으로든 환자의 산만해진 주의를 끌 수 있고 심지어 아무것도 아닌 것으로도 가능하다. 이제 더는 그가 즐겨 읽는 좋은 책들 없이도 그가 기도하는 것이나 일하는 것, 잠자는 시간을 방해할 수 있다. 어제자 신문의 광고란으로도 충분해. 좋아하는 이들과 나누는 즐거운 대화만 아니라 따분한 주제를 가지고 잘 알지 못하는 이들과 나누는 대화로도 그의 시간을 낭비하게 만들 수 있다. 오랜 기간 하는 일 없이 놀고먹게 할 수도 있고, 밤늦도록 깨어 있되 법석을 떨며 노는 게 아니라 썰렁한 방에서 꺼진 불씨만 멍하니 바라보고 있게 할 수도 있지.

모든 건강한 사교 활동을 우리 뜻대로 막고는 그에게 그것을 대신할 **그 무엇도** 보상하지 않는 것이다. 그러면 내 환자 하나가 여기 지옥에 와서 말한 것처럼 그의 입에서도 최소한 이런 말이 나올 거야. "이제 보니 나는 꼭 할 필요도 **없고** 내가 좋아하지도 **않는** 일에 평생을 날렸구나."

그리스도인들은 원수를 두고 "그분이 없으면 '아무것도 아닌 것'조차 위력을 얻는다"라고 고백한다. 과연 아무것도 아닌 것은 위력이 세다. 어찌나 센지 인생의 전성기를 앗아 갈 정도지. 지독한 죄를 통해서가 아니라 내용도 이유도 모른 채 지루하게 명멸하는 생각, 다 의식하지도 못할 만큼 희미한 호기심을 충족하는 것, 따분하고 오랜 기다림, 좋아하지도 않는 곡조로 불어 대는 휘파람 따위를 통해서 말이다. 또 길고 어두운 공상의 미로도 있는데, 그 속에 딱히 즐길 만한 정욕이나 야심이 없더라도 일단 우연한 연상을 통해 공상이 시작되었다 하면 매우 나약하고 혼미한 피조물로서는 이를 떨칠 수가 없다.

모든 초보 유혹자들이 그렇듯 하루빨리 거창한 악을 신고하고 싶은 너로서는 이런 것들쯤은 아주 작은 죄로 보일 게다. 그러나 잊어서는 안 돼. 중요한 것은 네가 환자와 원수의 사이를 얼마나 벌려 놓느냐는 것뿐이다. 그러한 죄가 점점 쌓여 환자가 빛인 원수에게서 멀어져 아무것도 아닌 것에 빠져들 수만 있다면, 아무리 작은 죄라도 상관없어. 카드놀이만으로도 그런 효과가 있다면, 살인죄라고 그보다 더 나을 것도 없다.

실제로 지옥행을 보장하는 길은 조금씩 서서히 앞으로 나아가는 것이다. 그 길은 경사가 완만하고 바닥이 푹신하며, 급회전도 이정표도 표지판도 없지.

《스크루테이프의 편지 *The Screwtape Letters*》, 12장

그래서 원수는 (환자들이) 메마른 상태에서 드리는 기도를 가장 기뻐한다. 우리야 끊임없는 유혹으로 환자들을 끌고 다닐 수 있다. 우리는 그들을 잡아먹을 궁리밖에 없으니 그들의 의지를 꺾어 놓을수록 좋지. 그러나 원수는 우리가 악한 데로 유혹하는 것처럼 사람을 선한 데로 "유혹할" 수 없다. 원수는 환자들이 걸음마를 배우기를 원하니 결국 자기 손을 떼야만 하거든. 그래서 환자에게 진정 걸으려는 의지만 있다면 원수는 환자들이 넘어지더라도 기뻐하더구나.

《스크루테이프의 편지 *The Screwtape Letters*》

기도를 이용해 하나님을 시험하는 것

친애하는 웜우드에게.

요즘 네 성적이 저조한 것 같구나. 물론 원수에 대한 네 환자의 생각을 어지럽히기 위해서는 환자의 "사랑"을 이용해야 하는 것이 맞다. 하지만 너를 보면 사랑을 이용하는 재주가 참 형편없더구나. 잡념과 산만한 생각 자체가 네 환자에게 중요한 기도 제목이 되었다니 하는 말이다. 이는 네가 그를 유혹하는 데 실패했다는 뜻이다.

환자의 머릿속이 이래저래 산만해질 때면, 너는 그에게 순전히 그의 의지력으로 잡념을 떨치고 마치 아무 일도 없었다는 듯 본래의 기도로 돌아가도록 부추겨야 한다. 일단 그가 **잡념**을 당면한 문제로 인정하고 원수 앞에 가져가 기도의 주제로 삼고 노력하기 시작한다면, 여태 네가 한 일은 백해무익하다. 그를 결과적으로 원수와 가까워지게 하는 것이라면, 죄조차도 결국은 우리에게 불리하게 작용한다는 것을 명심해야 한다.

바람직한 방향을 일러 주마. 네 환자는 지금 사랑에 빠져서 머릿속에 **이 땅의** 행복이 새로운 개념으로 대두했고, 따라서 이번 전쟁과 기타 현실에 대한 순수한 간구 기도도 새삼 절박해졌다. 이럴 때는 청원 기도에 대한 지적 갈등을 심어 주어야 한다. 매번 거짓 영성을 조장하는 거지.

"하나님과 교제를 나누고 찬양을 드리는 것이 진짜 기도다"라는 짐짓 경건해 보이는 논리로 꾀면, 인간이 원수에게 대놓고 불순종할 일이 많아진단다. 분명히 원수는 그들에게 일용할 양식과 아픈 사람의 병 고침을 위해 기도하라고 (특유의 진부하고 재미없는 말투로 딱 잘라) 명했으니 말이다. 물론 네가 환자에게 숨겨야 할 사실이 있는데, 일용할 양식을 구하는 기도는 아무리 "영적 의미"로 해석한들 본뜻 그대로 노골적인 간구일 뿐이라는 것이다.

그러나 네 환자는 순종이라는 고질병에 걸렸기 때문에 아마 네가 무슨 짓을 하든 "노골적인" 간구를 계속할 것이다. 이럴 때는 청원 기도라는 것이 허황하므로 객관적 성과를 낼 수 없다는 집요한 의심을 심어 그를 괴롭히면 된다.

잊지 말고, "동전을 던져서 앞면이 나오면 내가 이기고, 뒷면이 나오면 네가 진다"는 논법을 쓰거라. 네 환자가 기도한 대로 이루어지지 않는다면, 이는 청원 기도가 아무 소용이 없다는 또 하나의 증거가 된다. 또 기도한 대로 이루어진다면, 물론 그렇게 되기까지의 물리적 원인을 보여 주면 되지. "그러므로 어차피 이렇게 될 일이었다" 하고 말이다. 그러면 받아들여진 기도도 받아들여지지 않은 기도와 똑같이 기도 자체는 아무런 소용이 없다는 확실한 증거로 변한다.

너는 영이라서 네 환자가 어떻게 이런 혼란에 빠지는지 잘 납득이 가지 않을 게야. 그러나 환자에게는 시간이 궁극의 실재임을 잊어서는 안 된다. 인간은 원수도 자기처럼 어떤 일은 현재로 경험하고 어떤 일은 과거로 기억하고 어떤 일은 미래로 내다보는 줄로 알아. 꼭 그렇게 믿지 않더라도 그의 마음속에는 원수도 그런 식으로 지각한다는 전제가 깔려 있다. 무엇이든 원수가 보는 그대로가 곧 실체이건만, 환자는 (비록 말로는 아니라 하지만) 실제로 그렇게 생각하지 않는다!

네가 인간이 오늘 하는 기도를 '원수가 내일의 날씨를 조정하기 위해 참작하는 수많은 변수의 하나'라고 설명하려 한다면 환자는 이렇게 반박할 것이다. 그렇다면 인간이 할 기도를 원수가 미리 알았다는 뜻이니 인간은 자유 의지로 기도한 것이 아니라 예정된 대로 기도한 것일 뿐이라고 말이다. 또 어느 날이든 날씨의 원인을 쭉 추적해 올라가면 물질 자체가 창조된 태초에까지 이를 수 있고, 인간도 물질도 "처음부터" 다 정해져 있었다고 말이지.

물론 우리는 정답을 알다마다! 본래 영의 세계와 물질 세계는 전체가 다 맞물려 있으므로 특정한 날씨와 특정한 기도의 맞물림 역시 그것이 표출된 하나의 현상에 불과한 것을 말이다. 인간은 이것을 시차를 두고 따로 지각할 뿐이다. 시공의 접점마다 창조 세계 전체가 작동하지만, 그 일관된 총체적 창조 행위가 인간의 의식에는 일련의 연속된 사건으로 다가올 수밖에 없다.

왜 그 창조 행위 속에 자유 의지가 개입될 여지를 두었는지는 풀리지 않는 난제이지. 이것은 원수의 헛소리인 "사랑"의 배후 비밀이기도 하다. 하지만 **어떻게** 그러한지는 전혀 어렵지 않아. 원수는 인간이 자유 의지로 기여하는 행위를 미래로 **내다보는** 게 아니라 원수의 무한한 현재 속에서 **보기 때문이다**. 인간의 행위를 지켜보는 것이 곧 그 행위를 하게 만드는 것은 당연히 아니다.

―――

《스크루테이프의 편지 *The Screwtape Letters*》, 27장

자기 심리 상태에 휘둘리는 것

친애하는 웜우드에게.

…… 인간의 마음을 방해하여 원수와 떼어 놓는 데는 불안과 염려 만한 것이 없지. 원수는 사람이 현재의 일에 몰입하기를 바라지만, 우리의 작전은 그들이 앞으로 닥쳐올 일만 생각하게 만드는 것이다.

당연히 네 환자는 자신이 원수의 뜻에 복종하며 인내해야 한다고 생각할 것이다. 원수에 따르면, 이는 환자가 현재의 염려와 불안이라는 자기 몫의 실제 환난을 참고 받아들여야 한다는 의미다. 네 환자가 "아버지의 뜻이 이루어지이다"라고 고백해야 하는 부분이 **여기지**. "일용할 양식"을 구하라는 것도 바로 **현재의 염려와 불안**을 날마다 감당하라는 뜻이다.

너는 네 환자가 현재의 두려움을 결코 자기 몫의 십자가로 생각하게 해서는 안 된다. 오히려 일어날지 아닐지 모를 다른 두려운 일들만 생각하며 그것을 십자가로 여기게 해야 해. 그 일들은 서로 모순되므로 한꺼번에 다 발생할 리 없지만, 그래도 그에게 이 사실을 망각한 채 그 모든 일에 지레 꿋꿋이 인내하려고 애쓰게 해라.

오만 가지 서로 다른 가상의 운명을 동시에 제대로 감수하기란 불가능에 가깝지. 원수도 그것을 감당하려는 환자들에게는 그다지 도움을 베풀지 않아. 반면에 현재에 닥친 실제 고난은 설령 두렵더라도 감수하기가 더 쉽다. 그의 이전(꿋꿋이 인내하려고 애쓰는-옮긴이) 정공법이 대개 도움이 되지.

여기에 개입되는 중요한 영적 법칙이 있다. 네가 환자의 주의를 원수의 존재 자체에서 원수에 대한 환자 본인의 심리 상태 쪽으로 돌려놓으면, 그의 기도는 약해진다고 내가 설명했었지? 그런데 다른 한편으로는, 환자의 생각이 두려운 대상에서 두려움 자체로 옮겨 가면 두려움을 극복하기가 더 쉬워진다. 두려움이 현재 자신의 바람직하지 못한 심리 상태로 여겨지기 때문이지. 두려움을 자기 몫의 십자가로 받아들이는 사람에게는 두려움이 하나의 심리 상태로 여겨질 수밖에 없어.

여기서 일반 원칙이 생겨난다. 환자의 사고 활동이 우리

쪽에 유리한 경우에는 그를 부추겨 자의식에서 벗어나 두려움을 불러일으키는 대상에 집착하게 하고, 원수에게 유리한 경우에는 그의 생각이 자아에 함몰되게 하는 것이다. 예를 들어, 네 환자가 모욕을 당하거나 여자의 벗은 몸을 보거든 그의 정신을 완전히 외부에 팔게 해야 해. "나는 지금 분노의 상태, 정욕의 상태에 들어서고 있다"라는 생각이 들지 않게 말이다. 한편 환자에게 "내 기분이 지금 더 경건하거나 너그러워지고 있다"라는 생각이 들거든 관심을 완전히 자신의 내면으로 향하게 해서 자기 이외의 이웃이나 우리의 원수는 그의 안중에도 없게 만들어야 한다.

《스크루테이프의 편지 *The Screwtape Letters*》, 6장

기도를
꾸준히
실천하려면?

친애하는 _____ 여사에게.

늘 그렇듯이 당신을 위해 매일 기도하고 있는데 왠지 요즘은 부쩍 더 걱정이 되더군요. 특히 그저께 밤에는 하나님의 뜻으로 당신에게서 희소식을 담은 편지가 오면 참 좋겠다는 생각이 간절했습니다. 그런데 마술처럼 오늘 편지가 왔습니다(그야말로 세상에서 가장 선의의 마술이겠지요).

당신의 문제가 내 기도 덕에 해결됐다는 (미련퉁이 같은) 말은 아닙니다. 다만 하나님이 내 작은 믿음을 귀히 보시고 해결 직전에 내게 더욱 열심히 기도하도록 감화하신 듯합니다. 우리의 기도가 사실은 그분의 기도라는 말이 정말 실감납니다. 그분이 우리를 통해 그분 자신에게 말씀하시지요. ……

몸이 아프거나 녹초가 된 상태에서도 평소의 기도를 유지하려 애쓸 필요는 없다고 봅니다. 아직 기도 습관을 길러야 할 초심자에게라면 나도 이렇게 말하지 않겠지만, 당신은 그 단계를 넘어섰거든요. 그리스도인의 삶을 격식에 치우친 율법 체계로 둔갑시켜서는 안 됩니다. …… 이유는 두 가지인데, 규율을 지키지 못하면 죄책감이 들고, 잘 지키면 교만해지기 때문입니다.

규율을 잘 지킬 때보다 더 양심이 거짓되이 떳떳해질 때도 없습니다. 진정한 사랑과 믿음이야 전혀 없더라도 상관없지요. 감독의 승인과 의사의 지시로 공예배에 불참하는 사람도 참석하는 하는 사람만큼이나 순종하는 것입니다.

게다가 하나님의 임재와 임재 의식은 당연히 다릅니다. 임재 의식은 상상의 산물일 수 있으며, 하나님의 임재에 "우리 눈에 보이는 위안"이 따라오지 않을 수도 있습니다. 아들이 "어찌하여 나를 버리셨나이까"라고 외치실 때 아버지는 정말 아들을 떠나신 것이 아닙니다. 버림받는 인간의 심정을 하나님도 인간으로서 처절히 맛보신 것이지요.

자연계에 딱 맞는 비유가 있는데, 결혼도 안 한 남자가 귀부인에게 쓰자니 좀 쑥스럽지만 그래도 워낙 명징해서 그냥 지나치기가 아깝습니다.

아이를 잉태하는 행위에는 대개 쾌락이 따라오며 의당 그래야 합니다. 하지만 아이가 쾌락에서 생겨나는 것은 아닙니다. 쾌락은 있지만 불임일 수도 있고, 쾌락이 없이 임신할 수도 있으니까요. 하나님과 영혼의 영적 결혼도 마찬가지입니다. 우리 안에 그리스도를 낳는 것은 성령의 실제 임재이지 임재의 느낌이 아닙니다. 임재 **의식**은 덤으로 주시는 선물이며, 주실 때 감사하면 그뿐입니다. ……

기도하다 보면 우리도 다 메마른 시기를 지나지 않습니까? 그게 꼭 나쁜 증상 같지만은 않습니다. 가끔 나는 우리 **기분에** 최선이라고 느껴지는 기도가 사실은 최악의 기도가 아닐까 하는 의구심이 듭니다. 춤을 선보이거나 시를 암송할 때처럼 기도할 때도 우리는 겉으로만 거두는 성공에 만족하는지도 모릅니다. 하나님이 말씀하시려는데 우리가 발언을 독점하는 바람에 기도가 잘못될 때도 있지 않을까요?

조이(C. S. 루이스의 아내-옮긴이)가 그러는데 몇 년 전 어느 아침에 하나님이 뭔가 말씀하시려 한다는 느낌이 자꾸 들더랍니다. 할 일을 하지 않아 꺼림칙할 때처럼 집요한 부담이었지요. 무슨 일인가 싶어 반나절을 끙끙댔는데 오히려 염려를 그치는 순간 육성처럼 똑똑히 답이 들려왔다고 합니다. "너에게 줄 게 있으니 **가만히** 있었으면 좋겠구나." 그리고 즉시 조이의 마음에 평안과 기쁨이 차올랐습니다.

"하나님은 빈손에 주신다"라는 성 아우구스티누스의 말도 있습니다. 양손에 짐이 가득한 사람은 하나님의 선물을 받을 수 없습니다. 그 짐이 늘 죄나 세상 염려는 아닐 겁니다. **우리의** 방식대로 그분을 예배하려는 조급한 시도도 때로는 짐이 되니까요. 내 경우만 하더라도 가장 단골로 기도를 방해하는 잡념은 중대한 내용이 아니라 잠시 후에 하거나 삼가야 할 일과 같은 자잘한 내용이지요. ……

물론 때로는 "기뻐하라"라는 사도 바울의 말에 순종하기가 어렵습니다. 그러려면 삶을 순간 단위로 살아야 합니다. 현재의 짐에 굳이 과거와 미래의 짐까지 더하지만 않는다면, 내 생각에 **현재** 자체는 대개 충분히 감당할 만합니다. "그날로 족하니라"라는 우리 주님의 말씀은 얼마나 진리인지요. 그런데 경건한 사람들도 그분의 말씀에서 눈부시리만치 더 신성한 요소에 경외를 표하느라 지극히 실제적인 상식적 요소에는 별로 주목하지 않을 때가 있지 않습니까? ……

서로를 위해 힘써 기도합시다. 어쩌면 그것만이 범사에 유익하게 "재회에 힘쓰는" 길입니다. 하나님의 복을 빕니다.

— C. S. 루이스 드림

《메리에게 루이스가 *Letters to an American Lady*》

양손에 짐이 가득한 사람은
하나님의 선물을 받을 수 없습니다.
그 짐이 늘 죄나 세상 염려는 아닐 겁니다.
우리의 방식대로 그분을 예배하려는
조급한 시도도 때로는 짐이 되니까요.
내 경우만 하더라도
가장 단골로 기도를 방해하는 잡념은
중대한 내용이 아니라
잠시 후에 하거나 삼가야 할 일과 같은
자잘한 내용이지요.

아침에 정원에서 기도할 때 이슬과 새와 꽃을 줄곧 못 본 체하면 그곳을 떠날 때 정원의 생기와 환희에 압도될 것이다. 그러나 압도될 목적으로 정원에 가면, 일정한 나이가 지나서는, 열에 아홉 번은 아무 일도 일어나지 않을 것이다.

《네 가지 사랑 *The Four Loves*》

적당히 내 것을 챙기며
기도하는 것이
가능한가?

얼마 전 주일에 혼자서 공식적인 기도문으로 기도를 드리다가 문득 내가 실언했음을 깨달았다. 덧없는 삶을 잘 통과해 결국 영원을 잃지 않게 해 달라고 기도하려 했는데, 거꾸로 영원을 잘 통과해 덧없는 삶을 잃지 않게 해 달라고 기도했던 것이다. 물론 나는 실언이 죄라고는 생각하지 않는다. 그렇다고 해서 모든 실언이 예외 없이 의미심장하다고 믿을 만큼 프로이트를 신봉하는 사람도 아니다. 그러나 의미가 있는 실언도 있을 터인데 이번이 그런 경우 같았다. 무심코 튀어나온 말 속에 내 진정한 바람이 거의 그대로 드러났다는 생각이 들었다.

물론 정확히는 아니고 거의 비슷할 뿐이다. 영원을 엄밀한 의미에서 "통과할" 수 있다고 생각할 만큼 어리석은 나는 아니다. 내가 통과하고 싶었던 것은 온몸으로 영원을 상대하며 거기에 바치는 시간들이었다. 한편으로 덧없는 것들도 잃고 싶지 않았기 때문이다.

의미를 설명하자면 이렇다. 나는 기도하고, 신앙 서적도 읽고, 마음을 준비하여 성찬에도 참여한다. 그런데 그러는 동안 내 속에서 어떤 목소리가 주의를 촉구한다. 너무 멀리 가거나 배수진을 치지 말고 냉철하게 조심하라는 것이다.

하나님의 임재에 들어설 때면 나는 거기서 행여 무슨 일이 벌어져 나중에 "평범한" 삶으로 돌아갈 때 견딜 수 없이 불편해질까 봐 심히 두렵다. 괜히 엉겁결에 결심했다가 결국 후회하고 싶지는 않다. 아침을 먹고 나면 분명히 생각이 확 달라질 테니 말이다.

제단에서 있었던 일 때문에 너무 큰 대가를 치러서는 안 된다. 예컨대 어제 내게 편지를 보내온 무례한 사람에게 신랄한 답장을 써 두고 오늘 부치려고 했는데, (제단에서) 사랑과 자비의 본분을 너무 심각하게 받아들인 탓에 그 편지를 찢어야 한다면 무척 망설여질 것이다. 지난 일을 회개하는 데도 대가가 따른다. 죄로 인정하고 회개했으니 같은 일을 반복해서는 안 된다. 그러니 애매하게 남겨 두는 편이 낫다.

이 모든 예방 조치의 속셈은 하나같이 덧없는 삶을 지키려는 데 있다. 이런 유혹이 내게만 있는 게 아니라는 증거도 있다. "기도가 길어지면 하나님의 뜻이 너무 명백해질까 두려워 기도를 서둘러 마친 적은 없는가?" (이름은 기억이 잘 안 나는데) 어떤 훌륭한 작가의 글에 나오는 질문이다.

하나님의 임재에 들어설 때면
나는 거기서 행여 무슨 일이 벌어져
나중에 "평범한" 삶으로 돌아갈 때
견딜 수 없이 불편해질까 봐 심히 두렵다.
괜히 엉겁결에 결심했다가
결국 후회하고 싶지는 않다.
아침을 먹고 나면 분명히
생각이 확 달라질 테니 말이다.

또 이런 실화도 있다. 어느 아일랜드 여성이 교회를 마치고 나오다가 계단에서 동네에서 철천지원수처럼 지내는 한 여성을 만났다. 상대가 한바탕 욕을 퍼붓자 이 아일랜드 여성은 이렇게 되받는다. "이 겁쟁이야, 창피하지도 않아? 하필 내가 은혜를 받은 때라 똑같이 응수하지 못할 거라 이거지? 이 상태로 오래가지는 않을 테니 조금만 기다려!"

앤서니 트롤럽의 소설 《바셋의 마지막 연대기》에 나오는 탁월한 사례는 우습고도 서글프다. 큰아들에게 화가 난 부주교는 즉시 아들에게 불리한 법적 조치를 줄줄이 취한다. 다 며칠 지나서 해도 무방한 일이었지만, 작가는 부주교가 기다리지 않으려던 이유를 설명한다.

저녁 기도를 거쳐야만 내일이 오는데, 적의에 찬 자신의 계획이 "우리가 우리에게 죄지은 자를 사하여 준 것같이 우리 죄를 사하여 주시옵고"라는 대목에 막혀 좌초될 수도 있음을 그는 알았던 것이다. 그래서 선수를 쳤다. 일을 다 끝내 놓고 하나님께는 통보만 할 작정이었다. 내가 말하는 예방 조치의 극단적 사례라 하겠다. 이 인물은 덧없는 삶을 미리 확보하기 전에는 감히 영원을 가까이할 마음이 없었다.

이 유혹이 내게 끝없이 되풀이해서 찾아온다. 그 바다(내 기억에 십자가의 성 요한이 하나님을 "바다"라 칭했다)로 내려가되 거기에 뛰어들거나 거기서 헤엄치거나 떠다니지는 않고 잠방잠방 물장구나 치고 싶어진다. 깊은 데는 조심조심 피하면서 덧없는 삶에 연결된 구명줄만 꼭 붙들려는 것이다.

이는 그리스도인의 삶에 막 들어설 무렵 닥쳐오던 유혹과는 다르다. 그때는 영원이라는 개념 자체를 인정하지 않으려고 싸웠다(적어도 나는 그랬다). 그렇게 싸우다 만신창이가 되어 항복했고, 그때부터는 다 순조로울 줄로 알았다.

지금 말하는 유혹은 그 이후에 일어나는 일들이며, 이 유혹의 대상은 영원을 이미 이론상 인정하고 거기에 부합하려고 꽤 노력까지 하고 있는 사람들이다. 이제 우리에게 어떻게든 턱걸이로 통과만 하려는 유혹이 찾아온다. 정직하지만 인색한 납세자와 실제로 아주 비슷하다. 우리는 이론상으로는 소득세를 인정하고 성실하게 납부한다. 그러나 세액이 늘어나는 게 겁나서 꼭 불가피한 만큼만 내려고 안간힘을 쓴다. 그러면서 세금을 낸 뒤에도 먹고살 게 충분히 남아 있기를 아주 간절히 바란다.

게다가 잘 보면 유혹자가 우리의 귀에 속삭이는 이런

예방 조치는 다 일리가 있다. 실제로 내 생각에 그가 새빨간 거짓말로 우리를 속이려 하는 때는 (청소년 시절 이후로는) 많지 않다. 그 일리란 대략 이렇다. 종교적 감정(선조들은 이를 **광신**이라 했다)에 휩쓸려 정말 나중에 후회할 결심을 하거나 태도를 가질 수 있다. 하지만 후회한다 해서 이것이 죄는 아니고 세속적으로 변했다는 뜻도 아니며, 다만 이성적으로 더 현명해진 것뿐이다. 또 우리는 강박이나 맹신에 빠질 수 있다. 겉보기에 열정 같아도, 사실은 하나님이 명하신 적도 없는 일을 자청하는 월권일 수 있다.

여기까지는 어느 정도 참이다. 그러나 우리의 지갑, 습관처럼 행하는 방종, 야망을 신중히 사수하는 것이 최선의 방벽이라는 제안은 말짱 거짓이요 헛소리다. 진정한 방벽은 다른 데서 찾아야 한다. 기독교의 일반 전통, 도덕 신학, 일관된 이성적 사고, 좋은 친구와 좋은 책이 들려주는 조언, (필요하다면) 지혜 있는 영성 스승 등에서 찾아야 한다. 해안에 묶인 구명줄에 의지하기보다 미리 수영을 배우는 편이 훨씬 낫다.

(살려고 붙든) 그 구명줄이 정작 죽음으로 내몬다. 세금을 내고 그 나머지로 먹고산다는 비유는 성립되지 않는다. 하

나님이 요구하시는 것은 우리의 시간과 관심의 일정 비율이나 심지어 전부도 아니고, 우리 자체이기 때문이다. "그는 흥하여야 하겠고 나는 쇠하여야 하리라"라는 세례 요한의 말은 우리 모두에게 해당한다.

하나님은 우리의 거듭되는 실패에는 무한히 자비로우시지만, 고의적 타협을 용납하기로 약속하신 적은 없다. 그분이 우리에게 주실 것도 결국은 다름 아닌 그분 자신이기 때문이다. 그분이 자신을 주실 수 있으려면 우리가 아집을 버리고 영혼을 그분께 드려야 한다. 그렇게 결단하자. 먹고살기 위해 남겨 두는 "우리 몫"이란 없으며 "평범한" 삶도 없다.

그렇다고 모두가 꼭 순교자나 고행자로 부름받는다는 말은 아니다. 그런 사람도 물론 있겠지만, 어떤 그리스도인은(누가 될지는 아무도 모르지만) 사람들이 좋아하는 유의 직업을 갖고 많은 여가를 누리며 산다. 다만 이 또한 하나님의 손에서 온다. 온전한 그리스도인에게는 그런 부분도 가장 힘든 의무만큼이나 손색없는 "신앙"과 "섬김"이며, 잔치도 금식만큼이나 기독교적이다.

하지만 "우리 몫"이 따로 있다는 개념만은 거부해야 한다. 하나님의 권한이 미치지 않는 "치외법권"이 존재한다는 생각은 좀처럼 쓰러지지 않는 강적이지만, 그래도 날마다 물리쳐 쫓아내야 한다.

그분은 사랑이시며 복을 주셔야만 하기에 권한도 절대적이다. 그분이 복을 주시려면 우리가 그분의 소유가 되어야만 한다. 우리의 영역을 남겨 두려 한다면 이는 곧 사망의 영역을 두려는 것이다. 그래서 그분은 사랑으로 절대 권한을 행사하신다. 그분께는 협상이 통하지 않는다.

그런 의미에서 내게 경각심을 일깨운 말들이 있다. 토머스 모어는 "만일 하나님을 얼마나 섬길지에 대해 그분과 함께 계약서를 작성한다면, 결국 양측의 서명을 모두 다 당신이 한 셈이다"라고 했다. 윌리엄 로는 "마지막 날에 많은 사람이 거부당하는 이유는 구원에 시간이나 정성을 전혀 들이지 않아서가 아니라 덜 들여서다"라고 무섭고 냉엄한 소리로 말했고, 훗날 야코프 뵈메의 영향으로 사상이 더 풍부해졌을 때는 "하나님 나라를 선택하지 않은 사람은 대신 무엇을 선택했든 결국 아무런 차이가 없다"라고 했다.

모두 뜨끔한 말이다. 여자, 애국, 마약, 예술, 위스키, 장관직, 돈, 과학 등 정말 무엇을 선택했든 차이가 없단 말인가? 그야 물론이다. 중요한 차이는 없다. 결국 우리는 자신이 창조된 목적을 놓치고 유일한 만족의 근원을 거부한 것이다. 사막에서 죽어 가는 사람에게 어느 길을 선택해서 유일한 샘을 놓쳤는지가 중요할까?

―――

《영광의 무게 *The Weight of Glory*》, "실언"

하늘로 소원을 쏘아 올리면 응답되리.

새벽별이신 그분을 구하면

현세의 사랑까지 덤으로 주시리.

그런데 어떻게 사다리에 첫발을 디딜까?

Poems(시집), "다섯 편의 소네트"

어떻게 '진짜 나'로서
'진짜 그분' 앞에
설 것인가?

내게 기도란 소위 "현실 세계"와 "현실 속 자아"조차도 각각의 근본적 실체와는 전혀 거리가 멀다는 사실을 인식하는 순간이네. 그 인식이 새로 깨어나야 기도라 할 수 있지.

나는 몸으로는 무대를 떠나 무대 뒤로 가거나 객석에 앉을 수 없네. 하지만 무대 뒤와 객석이 존재한다는 사실은 알지. 광대나 주인공이나 단역 같은 외관상의 자아로 분장했어도, 내가 실존 인물이며 사생활이 있다는 사실도 안다네. 실존 인물을 속에 품지 않고서야 극중 인물로 분해 무대를 밟을 수도 없고, '미지의 참된 나'가 존재하지 않고서야 '가상의 나'에 대해 착오를 일으킬 일도 없으니까 말이네.

그래서 기도할 때만은 '진짜 나'로서 존재의 심연으로부터 다른 배우들이 아닌 그분께 말하려 애쓴다네. 그분을 뭐라고 불러야 할까? 우리 모두를 지으셨으니 작가라고 해야 할까? 전체를 주관하시니 연출자라고 해야 할까? 아니면 공연을 보고 평가하시니 관객이라고 해야 할까?

이는 시간과 공간을 벗어나려는 시도가 아니며, 객체들을 상대해야 하는 주체로서의 피조물의 입장을 피하려는 것도 아니네. 그저 보다 겸손하게, 내 입장이 그렇다는 인식을 새로 깨우려는 것이지. 그렇게만 된다면 다른 어디로도 갈 필요가 없다네. 그 인식 자체가 매 순간 신의 현현일 수 있으니까 말이네. 여기가 거룩한 땅이며, 지금 떨기나무에 불이 붙어 있네.

물론 이 시도에는 크고 작은 성패가 따를 수 있지. 모든 기도에 앞서 우리는 "'진짜 나'로서 '진짜 당신'께 말하게 하소서"라고 기도해야 하네. 기도의 수준은 천차만별이네. 격렬한 감정 자체는 영적 깊이의 증거가 아닐세. 겁에 질려 기도한다면 기도야 간절해지겠지만, 이는 공포가 치열한 감정이라는 증거일 뿐이지. 오직 하나님만이 우리 마음속 깊은 곳에까지 두레박을 내리실 수 있네. 동시에 그분이 계속 우리의 우상을 부수어 주셔야 해. 우리가 지어내는 그분에 관한 관념을 그분이 자비로 모조리 깨뜨려 주셔야 한다네.

기도의 가장 복된 결과는 기도를 마치고 일어날 때 이런 생각이 드는 것이네. "여태 미처 몰랐구나. 꿈에도 몰랐구나……." 내 생각에 토마스 아퀴나스가 자신의 모든 신학은 한낱 "지푸라기를 연상시킨다"라고 말한 순간도 아마 이런 순간이었을 것이네.

―

《개인 기도 Letters to Malcolm》, 15장

범접할 수조차 없는 주님의 이름을 감히 중얼거리고
페이디아스(BC 5세기경에 활약한 고대 그리스의 조각가-편집자)의
온갖 화려한 신상을 꿈꾸면서
뻔히 주님일 수 없는 상징물을 마음에 품을 때
제가 누구에게 절하는지는 주님만이 아십니다.
모든 기도는 그 자체로 늘 신성 모독이며
허깨비 우상 앞에서 신화의 꿈을 숭배합니다.
모든 사람은 기도할 때 자신에게 속아
스스로 지어낸 요란한 생각을 지껄입니다.
주님께서 자비로 이끌어 우리의 빗나간 화살을
빈들 너머 주님께로 틀어 주셔야 합니다.
기도할 때도 사람마다 우상을 숭배하느라
귀먹어 듣지 못하는 우상에게 부르짖습니다.
주님, 우리의 기도를 그대로 듣지 마시고
어눌한 은유를 주님의 천의무봉으로 통역하소서.

Poems(시집), "모든 기도에 붙이는 각주"

기독교 신앙을 실천하는 신자가 자신의 부족함을 고백하는 모든 표현은 바깥세상이 보기에는 아첨꾼이 폭군 앞에 비굴하게 거짓으로 굽실거리는 것 같고, 기껏해야 중국 선비가 "무지몽매한 소인"으로 자처하며 자신을 깎아내리는 말투와 비슷하다.

그러나 사실 이런 고백은 자아에 대한 그리고 하나님과의 관계에 대한 착각을 떨쳐 내려는 시도이며, 이 시도는 끊임없이 필요하기에 끊임없이 새로워진다. 기도할 때조차도 본성은 늘 우리에게 이런 착각을 조장하기 때문이다. 하나님의 사랑이 믿어지는 순간 우리 안에는 그분이 사랑이시라서 나를 사랑하시는 게 아니라 내가 본래 사랑받을 만해서 사랑하시는 것이라는 생각이 꿈틀거린다.

《네 가지 사랑 *The Four Loves*》

다윗처럼
즐거이
기도하려면?

내 경우 시편이 주는 가장 값진 선물은 춤추던 다윗과 똑같이 하나님을 즐거워하게 해 준다는 것이다. 나의 즐거움이 최고의 성인^{聖人}들과 신비가들이 하나님을 사랑했던 것만큼 순수하거나 심오하다는 말은 아니다. 그들과 비교하는 게 아니라 한낱 의무적인 "교회 출석"과 고역스러운 "기도 행위"에 비교해서 하는 말이다.

다행히 항상 그러는 것은 아니지만, 종종 우리 대부분은 후자로 전락한다. 거기에 비하면 시편이 알려 주는 즐거움은 놀랍도록 견고하고 씩씩하고 자연스럽다. 그래서 순수하게 부럽기도 하고, 읽다 보면 시편에 전염되고 싶어진다.

앞서 이유를 말했듯이 이 즐거움은 지극히 성전 중심이었다. 투박했던 시편 기자들은 하나님을 우리처럼 (다소 위험하게) "영적 의미"로 사랑하는 것과 성전의 절기를 즐기는 것을 실제로 구분하지 않았다. 이를 오해해서는 안 된다. 유대인은 헬라인처럼 분석적이고 논리적인 민족이 아니었고, 사실 헬라인 외에는 고대 어느 민족도 그렇지 않았다.

우리는 교회에서 하나님을 진정으로 예배하는 사람들과, 음악이나 오랜 세월의 흔적을 지닌 역사적 자취 혹은 단순히 감정에 이끌려 "아름다운 예배"를 즐기는 사람들을 잘도 구분하지만, 고대 유대인에게는 그게 불가능했다.

그들의 심리 상태에 최대한 가까워지려면 크리스마스나 추수감사절에 교회에 나온 현대의 경건한 농부를 생각하면 된다. 물론 그는 평소에도 늘 성찬에 참여하는 참된 신자라야 한다. 만일 특별한 날에만 교회를 찾는다면, 이는 (최악의 의미는 아닌 최선의 의미로) 이교 신앙을 실천하는 이교도로서 매해 치르는 큰 명절 때마다 미지의 신에게(어떤 때는 망각된 신에게) 절하는 것이다. 여기서 내가 말하려는 사람은 진정한 그리스도인이다. 하지만 그에게 그 순간 마음속의 순전히 종교적인 요소를 나머지 전체 요소(이를테면 진심으로 유쾌한 공동의 친목 행위, 찬송과 군중을 즐기는 마음, 어려서부터 이렇게 예배했던 추억, 추수 후의 안식이나 교회를 마친 뒤에 하는 크리스마스 저녁 식사에 대한 당연한 기대 등)로부터 갈라내려 한다면 이는 몹쓸 짓이다. 그의 마음에는 이 모두가 하나다.

고대인 특히 고대 유대인의 경우는 더했다. 땅과 밀접한 관계가 있던 그들 농부에게 종교로부터 분리된 음악과 절기와 농경이란 있을 수 없었고, 종교 역시 나머지와 별개가 아니었다. 삶은 온통 하나였다. 물론 이 때문에 그들은 도시화된 사람이라면 면할 법한 영적 위험에 노출되기도 했으나, 후자에게는 없는 특권도 누렸다.

여호와를 "보았으니"나 간절히 "뵈려고" 한다는 시편 기자들의 말은 대부분 성전에서 벌어진 일을 뜻한다. 이를 두고 "그들이 절기만 보았다는 뜻이다"라고 말한다면 큰 오산이다. 그보다는 "우리가 거기 있었다면 우리에게는 절기만 보였을 것이다"라고 말하는 쪽이 맞다. 그래서 "하나님이여 그들이 주께서 행차하심을 보았으니 곧 …… 성소로 행차하시는 것이라 소고tambourines 치는 처녀들 중에서 노래 부르는 자들은 앞서고 악기를 연주하는 자들은 뒤따르나이다"(시 68:24-25)라는 시편 기자의 표현은 마치 "보라, 그분이 여기 오신다"라는 말이나 같다. 내가 거기 있었다면 내게도 악기 연주자들과 탬버린을 든 처녀들이 보였을 것이다.

게다가 이와는 별개로 그때 내게 하나님의 임재는 (우리네 표현으로) "느껴졌을" 수도 있고 그렇지 않을 수도 있다. 고대의 예배자는 그런 이원론을 몰랐다. 반면에 현대인이 '내 평생에 여호와의 집에 살면서 여호와의 아름다움을 바라보기를 소원한다면'(시 27:4), 이는 영적 환상을 자주 받으며 하나님을 향한 사랑을 "느끼고" 싶다는 뜻일 것이다. 물론 성례의 매개와 "예배"의 도움을 떠나서는 아니지만, 성례와 예배의 필연적 결과가 아니라 그와는 별개로써 말이다. 하지만 내 생각에 이 시를 쓴 기자는 '여호와의 아름다움을 바라보는 것'과 예배 행위 자체를 구분하지 않았다.

어떤 것을 추상화하고 분석하는 사고력을 기를수록 오래 가지고 있던 기존의 이 단일한 시각은 깨지게 마련이다. 의식儀式을 하나님의 실체와 구분할 줄 알게 되면, 그때부터 의식이 그분의 대용품으로 변질되어 그분과 경쟁할 위험이 싹튼다. 일단 가능해지면 둘을 따로 생각하게 마련이며, 그러면 의식이 독자적 암 덩이로 살아나 반항한다.

어린 시절에는 크리스마스나 부활절의 종교적 성격을 절기 자체와 구분하지 못하는 시기가 있다. 아주 독실한 어떤 꼬마는 부활절 아침에 "초콜릿 달걀과 예수님의 부활"로 시작되는 자작시를 중얼거렸다고 한다. 내가 보기에 그 나이로서는 훌륭한 시이자 훌륭한 신앙이다.

그러나 물론 아이가 더는 그 단일한 시각을 저절로 자연스럽게 누릴 수 없는 때가 곧 온다. 부활절의 영적 의미가 절기의 의식 자체와 구별되기 때문이다. 이제 부활절 달걀은 더는 성찬이 아니다. 일단 구별되면 둘 중 하나에 더 비중을 둘 수밖에 없다. 영적 의미를 앞세우면 달걀에서 여전히 부활절을 꽤 맛볼 수 있지만, 달걀을 앞세우면 금세 다른 사탕과 별반 다를 게 없어진다. 달걀만 떨어져 나왔으니 곧 생명을 잃는다.

유대교의 특정한 시기에나 일부 유대인의 경험에도 얼추 비슷한 상황이 발생했다. 그때껏 예배를 바라보던 단일한 시각이 깨지면서 제사 의식은 하나님을 만나는 일과 별개가 되었다. 안타깝게도 그렇다고 의식이 사라지거나 덜 중요해진 것은 아니다. 오히려 각종 악한 형태로 전보다 더 중요해졌다.

의식은 탐욕스러운 하나님과의 상업 거래로써 중시되었다. 왠지 그분께 다량의 짐승 사체가 정말 필요하고, 다른 방식으로는 그분의 은총을 얻어 낼 수 없으며, 심지어 그분이 바라시는 것이 다만 의식뿐이라고 여겨졌다. 의식만 엄수하면 그분이 명하신 긍휼과 "정의"와 진실을 행하지 않고도 그분을 만족시킬 수 있다는 식이었다.

제사장들에게는 이 제도가 자신의 직무이자 생계 수단이었으므로 단순히 그 이유만으로 무조건 중요해 보였다. 그들의 모든 학자 행세와 자존심과 경제적 지위가 다 그 제도에서 비롯되었다. 그래서 그들은 직무를 점점 더 정교하게 다듬었다.

물론 그들의 잘못된 제사 개념을 바로잡는 방책도 유대교 자체에 마련되어 있었다. 바로 지속적으로 가해지는 선지자들의 질책이었다. 다분히 성전의 산물이지만 시편도 그 역할을 했다. 예컨대 시편 50편에 하나님이 자기 백성에게 이르셨듯이, 모든 성전 예배는 그 자체로 본질이 아닐 뿐더러 특히 고기구이를 그분이 정말 드셔야 한다는 지독한 이교의 개념을 비웃는다. "내가 가령 주려도 네게 이르지 아니할 것은"(시 50:12).

간혹 나는 그분이 여느 현대 사역자에게도 비슷하게 말씀하실지 모른다는 생각이 든다. "내가 가령 음악을 원해도 (서구 예배 역사의 난맥상을 심층 연구한다 해도) 그 자료를 **네게** 의지하지 아니할 것은······."

그러나 제사가 변질될 가능성과 이에 대한 질책은 이미 잘 알려져 있으니 여기서 강조할 필요는 없다. 내가 강조하고 싶은 것은 우리에게(적어도 내게) 더 필요한 부분인데, 바로 하나님을 즐거워하는 마음이다. 성전과의 연관성이 경우에 따라 느슨하든 밀접하든 관계없이, 시편 어디서나 그분을 즐거워하는 마음을 접할 수 있다. 이것이야말로 유대교의 살아 있는 구심점이었다.

시편 기자들은 하나님을 사랑할 만한 이유가 오늘날의 우리보다 훨씬 적었다. 그들은 그분이 영원한 기쁨을 베푸신 것도 몰랐고, 그 기쁨을 확보해 주시고자 친히 죽으실 것은 더더욱 몰랐다. 그런데도 그분께 갈급했고, 최고의 그리스도인에게나 혹은 그리스도인이 경험하는 최고의 순간에만 가능한 그분의 순전한 임재를 사모했다. 평생 성전에 살며 "여호와의 아름다움"을 늘 바라보는 게 그들의 소원이었다(시 27:4).

예루살렘에 올라가 '하나님의 얼굴을 뵈려는' 그들의 동경하는 마음은 우리가 물리적으로 느끼는 갈증과도 같았고(시 42:1-2), 그분의 임재는 예루살렘에서 '온전히 아름답게' 빛을 발했다(시 50:2). 그분을 만나지 못하면 영혼이 물 없는 땅처럼 메말랐기에(시 63:1) 그들은 '주의 성전의 아름다움으로 만족하기를' 열망했다(시 65:4). 거기서만 둥지의 새처럼 안식할 수 있었기에(시 84:3) 다른 데서 평생을 사느니 거기서 지내는 하루가 "좋사오니"라고 고백했다(시 84:10).

딱딱한 표현일지 모르지만 나는 이를 하나님을 향한

시편 기자들은
하나님을 사랑할 만한 이유가
오늘날의 우리보다 훨씬 적었다.
그들은 그분이 영원한 기쁨을
베푸신 것도 몰랐고,
그 기쁨을 확보해 주시고자
친히 죽으실 것은 더더욱 몰랐다.
그런데도 그분께 갈급했고,
그분의 순전한 임재를 사모했다.

"사랑"보다는 "갈구"라 표현하고 싶다. 그분을 향한 사랑이라 하면 "영적"이라는 단어에 잘못 들러붙은 모든 부정적이거나 제한적인 의미가 너무 쉽게 연상된다.

시편 기자들의 생각에 이런 갈구는 자신이 훌륭하거나 경건해서 생겨난 것도 아니고, 반대로 무슨 특권과 은혜를 받아서도 아니었다. 이 부분에서 그들은 우리 가운데 최악인 사람보다 덜 교만하면서도 동시에 우리 가운데 최고의 사람보다 덜 겸손했다. 덜 놀랐다고 표현해도 좋다. 본능적이다 못해 물리적인 갈망이 절로 즐거이 솟아났을 뿐이다.

이 갈구는 즐겁고 유쾌했다. 그래서 그들은 기뻐하고 즐거워했다(시 9:2). 수금harp을 켜고 싶어 손가락이 근질거려서(시 43:4) 비파lyre와 수금을 깨웠다!(시 57:8) 시를 읊고 소고tambourine를 치고 '아름다운 수금에 비파를 아우르면서' 기쁘게 노래하고 즐거이 소리쳤다(시 81:1-2). 음악만으로 부족해 요란하게 외쳤다는 말이다. 그들은 또 모두 손뼉을 치자며 모든 이방인까지도 끌어들였다(시 47:1). 제금cymbals을 잘 맞추어 치되 **요란하게** 울리며 춤까지 덩실거렸고(시 150:4-5), 먼 곳의 수많은 섬까지도 이 환희에 동참시

컸다(시 97:1; 유대인은 해양 민족이 아니었으므로 섬은 다 멀었다).

이 열기(소란함이라 해도 좋다)를 우리가 되살릴 수 있다거나 되살려야 한다는 말이 아니다. 우선 그중 일부는 죽지 않고 여태 우리에게 남아 있다. 우리는 여전히 기뻐할 수 있다.

또 다른 이유는 훨씬 깊다. "그들의 생명을 속량하는 값"을 유대교인은 몰랐지만 그리스도인은 누구나 안다. 그리스도인의 삶은 죽음에 동참하는 세례로 시작되며, 가장 즐거운 절기들도 그 시작과 중심이 상한 몸과 흘린 피에 있다. 그래서 우리의 예배에는 유대교에 없던 깊은 슬픔이 배어 있다.

우리의 기쁨은 이 슬픔과 공존할 수 있어야 한다. 그들의 노래가 주선율뿐이라면 우리는 영적 대위법(복수의 독립된 선율로 조화를 이루는 작곡법-옮긴이)을 쓴다. 하지만 그래도 시편의 가장 유쾌한 시들에 빚진 즐거움은 조금도 그 영향력을 잃지 않는다. 나만 하더라도 시편에 빚진 사람이다.

물론 시편에는 지금의 우리에게 종교로 간주되기 힘든 요소가 존재하는 반면, 종교에 꼭 필요하다고 여겨질 법한 요소는 빠져 있다. 그럼에도 불구하고 시편에서 접하는 경험은 온전히 하나님 중심이고, 하나님의 임재라는 선물보다 더 간절히 구하는 선물은 없으며, 기쁨의 극치에 이르면서도 명백히 사실적이다. 이 옛 시인들의 (이를테면) 얼굴 표정에서 나는 그들과 우리가 경배하는 하나님을 더욱 많이 배운다.

―――

《시편 사색 *Reflections on the Psalms*》, "여호와의 아름다움"

당신은 다윗이 아니며 아무도 당신에게 골리앗과 싸우라고 하지 않았습니다. 당신은 이제 막 입대했을 뿐입니다. 그러니 지금은 나서서 적장들에 맞서려 하지 말고 기본 훈련부터 받으십시오.

Collected Letters(서한집), 1952년 5월 15일

모들린칼리지에서

소냐 그레이엄 여사에게

빛들의 아버지이신 전능하신 하나님, 누구든지 하나님의 뜻을 행하면 하나님의 교훈을 알게 된다고 사랑하는 아들을 통해 약속하셨습니다. 제게도 은혜를 베푸셔서 날마다 순종하며 살게 하소서. 그리하여 우리 주 예수 그리스도로 말미암아 날마다 믿음이 자라고 아버지의 거룩한 말씀을 더욱 깨닫게 하소서.

Collected Letters(서한집), 1952년 3월 18일

기도에 관한
신약의 가르침,
어떻게 이해할 것인가?

믿음으로 구하면 받는다는 황당한 약속이 신약에 많이 나오는데, 그중 마가복음 11장 24절이 가장 충격적이지. 무엇이든 받을 줄로 믿고 구하면 그대로 받는다고 하셨네. 영적 은사에만 해당되는 게 아니라 **무엇이든** 구하는 대로 말일세. 하나님을 믿는 일반적 믿음만으로는 안 되고 특정한 그것을 받게 될 것을 믿어야 하네. 훨씬 좋은 다른 것으로 받을 수도 있다는 것이 아니라, 정확히 구한 대로 받는 것일세.

게다가 역설 중의 역설로, 헬라어 원문은 "(장차) **받을** 줄로 믿으라"가 아니라네. "엘라베테"는 부정과거형이므로 직역하면 "(이미) **받은** 줄로 믿으라"일세. 이 마지막 난제는 일단 접어 두겠네. 라틴어 문법에 익숙해진 우리에게 시제로 인식될 만한 요소가 아람어에는 없었을 테니 말이야.

이 신기한 약속은 어떻게 객관적 사실들과 조화를 이룰까? 객관적 사실이라면 우선 겟세마네의 기도가 있고, 또 (그 기도의 결과로) 우리도 기도할 때마다 조건("만일 아버지의 뜻이거든")을 달아야 한다는 보편 통념이 있네.

1) 일단 빠져나갈 수 없는 사실이 있네. 모든 전쟁과 기근과 전염병과 거의 모든 죽음은 승낙되지 않은 무수한 간

구들이 존재한다는 물증이야. 지금 이 순간 이 나라에서만도 수많은 사람이 자신이 밤낮으로 영혼을 다 쏟아 믿음으로 구한 내용과는 정반대의 일들을 기정사실로 맞이하고 있으니 말일세. 그들은 찾았으나 찾지 못했고 문을 두드렸으나 열리지 않았네. "내가 두려워하는 그것이 내게 임하고"(욥 3:25).

2) 훨씬 덜 언급되지만 이와 대등한 난제가 또 있네. 어떻게 자신이 구한 대로 받는다고—사도 야고보의 말대로 의심이나 요동이 없는 믿음으로(약 1:6)—온전히 믿으면서, 동시에 거부당할 가능성에 미리 대비해 복종을 준비할 수 있는가? 거부당할 여지를 두는데 어떻게 동시에 그 구한 것을 거부당하지 않는다고 철석같이 믿을 수 있는가? 그런 확신이 있는데 어떻게 간구한 것을 거절당할 경우를 생각할 수 있는가?

"노골적이거나 천진난만한" 청원 기도보다 경배와 관상 기도에 대한 저작이 훨씬 많은 이유를 가히 알 만하네. 나 역시 후자가 더 고결한 형태의 기도라고 인정하지만, 글쓰기의 주제로 삼기에는 도리어 그쪽이 훨씬 쉽다네.

첫 번째 난제와 관련해서 내 의문은, 간구를 거절당하

는 경우가 왜 이렇게 잦은가가 아닐세. 누구나 대충 알 수 있다시피 그야 그럴 수밖에 없지. 우리는 무지해서 자신이나 타인에게 좋지 않은 것이나 심지어 본질상 불가능한 일까지도 구하니 말일세. 한 사람의 기도가 승낙되려면 다른 사람의 기도가 거부당해야 할 수도 있고 말이야. 이는 우리의 의지로 받아들이기가 힘들 뿐이지 머리로 이해하기는 전혀 어려울 것이 없다네.

그러나 진짜 의문은 따로 있으니, 곧 왜 이토록 자주 우리의 기도가 거절당하느냐가 아니라 그분이 왜 이토록 헤프게 그 반대 결과를 약속하셨느냐는 것일세.

알렉 비들러(동시대의 신학자이자 교회사가—옮긴이)의 원칙대로 황당한 약속일랑 그저 "유서 깊은 옛 표현"으로 간주하여 폐기하고 거기서 "벗어나야" 할까? 설령 다른 반론이 없더라도 분명히 이 방법은 너무 쉽다네. 불편한 자료라고 다 마음대로 삭제한다면 신학적 난제야 깨끗이 사라지겠지만 발전과 해법도 똑같이 사라지겠지. 탐정 소설 작가도 그 정도로 어리석지는 않으며 과학자는 더 말할 것도 없네.

난감한 사실(여태 우리가 정리한 내용에 맞아들지 않는 외관상의 모순)일수록 무시해서는 안 되네. 열에 한 번은 바로 그 은

신처에 여우가 도사리고 있거든. 해결되지 않은 문제를 똑똑히 주시하는 한 늘 희망이 있지만, 문제가 없는 척한다면 희망도 없네.

더 나가기 전에 두 가지 아주 실제적인 면을 지적하고 싶네.

첫째, 이런 헤픈 약속은 어린아이나 비기독교인에게 기독교를 가르치는 출발점으로서는 최악이야. 양어머니인 더글러스 부인이 허클베리 핀에게 기도하면 원하는 대로 받는다는 개념부터 가르쳤을 때 결과가 어떻게 되었나? 실험 끝에, 그는 어쩌면 당연하게도 기독교를 두 번 다시 쳐다보지 않았네.

마가복음 11장 24절에 제시된 기도를 "순진하거나 초보적인" 관점이라고 말해서는 안 되네. 사실 이 본문에 담긴 진리는 한참 상급반 학생을 위한 것이지 "(당신과 나 같은) 우리 수준에게 주신" 말씀은 전혀 아니라고 보네. 초석이 아니라 최후의 마무리인 셈이지. 우리 대부분에게는 겟세마네의 기도가 유일한 본보기이며, 산을 옮기는 것은 나중 일이네.

둘째, 자신에게든 타인에게든, 자꾸 어떤 주관적 상태

를 만들어 내려다가 성공하면 그것을 "믿음"이라 칭하도록 부추겨서는 안 되네. 왠지 그런 식으로 하면 기도 응답이 보장된다는 듯이 말이네. 어렸을 때는 아마 우리도 다 그렇게 했을 것이네. 그러나 간절한 소원과 왕성한 상상력의 합작으로 지어낼 수 있는 심리 상태는 기독교가 이야기하는 믿음이 아니라 심리적 재주 부리기일 뿐이야.

결론적으로 나는 믿음의 기도에 관한 그런 약속은 대다수 신자가 결코 경험하지 못하는 수준이나 종류의 믿음을 가리킨다고 생각하네. 하나님은 그에 훨씬 못 미치는 수준도 받아 주실 걸세. "나의 믿음 없는 것을 도와주소서"라고만 해도 기적이 일어날 수 있다네. 거듭 말하거니와 기도 응답을 보장하는 믿음이 자신에게 없다고 해서 반드시 죄는 아니야. 우리 주님도 겟세마네에서 기도하실 때 그런 확신이 없으셨네.

어떻게 이런 믿음은 기도의 용사에게조차 늘 있는 것이 아니라 가끔씩만 생겨날까? 왜 그럴까? 우리로서는 추측만 할 수 있을 따름이네. 나는 이런 믿음은 기도하는 사람이 하나님의 동역자로서 그분께 협력하는 사역에 필요한 것을 요청할 때에만 생겨난다고 생각하네. 선지자와 사도와 선교사와 치유자가 이런 확신을 품고 기도할 때 그 확신이 사건으로 확증되는 것이지.

종은 주인의 비밀을 모른다는 게 종과 친구의 차이라 하셨지 않은가. 종은 "명령만 받들면" 되므로 계획의 실행을 거들면서도 무슨 일인지 짐작만 할 뿐이네. 그러나 하나님의 동역자나 친구나 (감히 이런 표현을 써도 된다면) 동료는 때에 따라 그분과 온전히 하나가 되므로 하나님의 예지豫知가 그의 사고 속에 들어온다네. 이런 믿음은 보이지 않는 것들의 "증거"일세. 그만큼 명명백백하다는 뜻이지.

친구보다 종이 아래에 있다면, 자기를 위해 기도하는 사람은 그 종보다도 아래에 있다네. 그렇다고 해서 자기를 위해 기도하는 것이 죄는 아닐세. 우리 주님도 겟세마네에서 자신을 위해 기도하시는 굴욕의 자리에까지 낮아지셨네. 그러나 이때는 아버지의 뜻에 대한 확신이 없어 보이셨네.

우리는 우리 자신을 위한 기도가 몸에 배어 있기 때문에 대개 종의 수준에도 이르지 못하네. 그런 우리가 망상이 아닌 (또는 우연히만 맞는) 기도 응답의 확신을 얻으리라고 생각한다면, 이는 참된 믿음이 아니라 부질없는 오만이지.

더 낮은 수준의 믿음에 도달하고 그 믿음을 지키는 것, 응답 여부를 떠나 하나님이 우리 기도를 들으시고 반영하신다고 믿는 것, 그나마 듣는 이라도 있다고 계속 믿는 것, 이조차도 버거운 우리가 아닌가? 상황이 점점 더 다급해질수록 아찔한 두려움이 엄습하게 마련인데, 우리는 텅 빈 우주에서 독백이나 하고 있는 것일까? 이미 기도할 만큼 다하고 나면 침묵을 주체할 수 없을 때가 많다네.

―――

《개인 기도 Letters to Malcolm》, 11장

아버지여, 저를 위해 기도해 주소서. 제가 너무 무모해서 제게 허락되지 않은 것을 고집하지도 말게 하시고, 너무 소심해서 꼭 필요한 노력을 그만두게도 말게 하소서. 권한도 없이 언약궤에 손을 대는 사람과 손에 쟁기를 잡고 뒤를 돌아보는 사람, 둘 다 구원을 잃기 때문입니다.

Collected Letters(서한집), 1953년 1월 5일

사랑하는 사람을 잃은
슬픔 가운데
기도하고 있는가?

내게 필요한 것은 그리스도지 그분을 닮은 무엇이 아니다. 내가 원하는 것은 H지 그녀와 비슷한 무엇이 아니다(H는 사별한 아내 조이를 가리킨다-옮긴이). 아주 잘 나온 사진도 결국은 덫과 공포와 걸림돌이 될 수 있다.

물론 이미지도 쓸모는 있다. 그렇지 않고서야 이토록 대중화되지 않았을 것이다(이미지가 사고 바깥의 그림과 동상인지 아니면 머릿속에 든 상상의 구성물인지는 별로 중요하지 않다). 그러나 내게는 이미지의 위험성이 더 확연해 보인다.

이미지 속의 거룩하신 하나님은 쉽게 성물聖物로 우상화된다. 나의 하나님관은 그분과 거리가 멀어 번번이 타파되어야 한다. 그분이 친히 타파하신다. 하나님은 위대한 우상 파괴자이시다. 우상 파괴야말로 그분이 임재하신다는 표시 가운데 하나라고까지 말할 수 있지 않은가? 성육신이 최고의 예다. 그분이 오심으로써 그때까지 있던 모든 메시아관은 무너졌다. 그러한 깨뜨림에 "실족한" 사람이 대다수지만 실족하지 않은 이들은 복되다. 하지만 우리가 개인 기도를 하는 중에도 똑같은 일이 벌어진다.

모든 실체는 우상을 파괴한다. 이 땅의 아내도 사는 동안 자신에 대한 남편의 선입견을 끊임없이 물리친다. 남편도 아내가 그러기를 바란다. 모든 저항과 결점과 뜻밖의 모습까지도 포함해, 있는 그대로의 아내를 원하기 때문이다. 그것이 독립체인 아내의 변하지 않는 실체다. 사별한 후에도 우리가 여전히 사랑해야 할 것은 어떤 이미지나 기억이 아니라 바로 그 사람의 실체다.

그런데 지금은 그 "실체"가 떠오르지 않는다. 그런 점에서 H와 모든 죽은 자는 하나님과도 같다. 그런 점에서 H를 사랑하는 일도 어느 정도 그분을 사랑하는 일과 같아졌다. 두 경우 다 (여기서는 눈으로 사랑할 수 없기에) 내 사랑의 손과 팔을 실체 쪽으로 뻗어야 한다. 그러려면 내 사고와 애정과 상상이라는 모든 변덕스러운 환영을 통과할 뿐 아니라 그것을 뛰어넘어야 한다. 환영 자체에 만족하며 주저앉아 그것 때문에 그분을 경배하거나 H를 사랑해서는 안 된다.

중요한 것은 내가 생각하는 하나님, 내가 생각하는 H가 아니라 하나님과 H 자체다. 나아가 내가 생각하는 이웃이 아니라 이웃 자체다.

아직 살아 있는 사람을 한 방에서 마주 대할 때도 우리는 똑같은 실수를 범할 때가 많지 않은가? 우리가 말하고 행동하는 대상은 그 사람 자체가 아니라 우리 머릿속에서

대충 지어낸 상대의 이미지가 아닌가? 상대가 그 이미지를 아주 크게 벗어나야 비로소 우리는 이 사실을 조금이나마 깨닫는다. 실생활에서 상대의 언행을 자세히 관찰해 보면 왠지 우리가 그에게 맡겨 준 "배역"에 잘 맞지 않는다. 그래서 현실은 소설과 다르다. 그의 손에는 언제나 우리가 모르는 패가 들려 있다.

내가 다른 사람들을 그렇게 대한다고 생각하는 이유가 있다. 그들도 나를 명백히 그렇게 대할 때가 많기 때문이다. 우리는 다 서로를 간파했다고 생각한다.

그러는 내내 나는 또다시 사상누각을 지을 수 있다. 그러면 그분은 다시 그 건물을 와르르 무너뜨리신다. 필요하다면 얼마든지 거듭 무너뜨리신다. 그렇지 않다면 나는 결국 구제불능으로 낙인찍혀 지옥에서 영원히 모래성이나 쌓아야 한다. '죽은 자 중에 던져진 바 되는' 것이다(시 88:5).

예컨대 지금 나는 하나님을 통해서만 H에게 이를 수 있음을 알기에 은근슬쩍 그분께 다가가는 것인가? 하지만 그분을 통로로 이용할 수 없음을 나도 익히 안다. 그분께 다가가되 그분을 종착지와 목적이 아니라 경유지와 수단으로 대한다면, 사실은 아예 그분께 가는 것이 아니다. 대중적으로 그리는 사후의 행복한 재회의 모습들은 바로 이 부분에서 크게 잘못되었다. 투박하고 자못 현세적인 이미지라서가 아니라, 진정한 목표이신 그분께 갔을 때 따라오는 부산물로만 얻을 수 있는 것을 목표 자체로 둔갑시키기 때문이다.

주님, 이것이 정녕 주님의 기준입니까? 제가 H와 재회할 수 있으려면, 주님을 너무도 사랑하기에 설령 H를 만나지 못해도 괜찮을 정도가 되어야만 합니까? 주님, 이 논리가 우리에게 어떻게 보일지 헤아려 주소서. 제가 아이들에게 이렇게 말한다면 남들이 저를 어떻게 보겠습니까? "지금은 사탕을 줄 수 없어. 하지만 너희가 어른이 되어 사탕이 시시해지거든 그때는 마음대로 먹어도 된단다."

내가 H와 영원히 헤어져 끝내 잊히는 게 H라는 존재를 더 기쁘고 영화롭게 한다면, 나는 얼마든지 그리할 것이다. 사별하기 전에도 만일 서로 다시 보지 않음으로써 H가 암을 이기고 살아날 수 있었다면, 나는 그녀의 곁을 떠났을 것이다. 그래야만 하지 않겠는가. 웬만한 사람이라면 다 그럴 것이다. 하지만 그것은 전혀 다른 문제다. 지금 내가 처한 상황은 그게 아니다.

이런 의문을 하나님 앞에 내려놓아도 돌아오는 답은 없다. 하지만 "무응답"치고는 아주 특별하다. 굳게 잠긴 문이 아니라 말없는 눈빛에 더 가까운데, 그 눈빛에 애정이 가득 담겨 있음은 물론이다. 마치 그분이 고개를 저으시되 거부는 아니고 이렇게 문제를 보류하시는 것 같다. "얘야, 걱정하지 말거라. 너는 아직 모른다."

―――

《헤아려 본 슬픔 *A Grief Observed*》, 4장

내 생각에는, 자아를 성찰하여 회개하고 회복한 뒤에는 보통 그다음 단계로 성찬에 참여하면 됩니다. 그러고 나서 삶을 최대한 잘 지속하고 기도에 최선을 다하며 …… 일상사에 충분히 충실하게 임하는 것이지요.

Collected Letters(서한집), 1941년 1월 4일

고난이 영혼에 유익하다는데,
고난을 면하려고
기도해도 되는가?

기독교는 환난에 대해 역설적이다. 가난한 자가 복이 있지만 우리는 사회 정의와 구제를 통해 최대한 가난을 퇴치해야 한다. 박해받을 때 복이 있지만 박해를 피해 다른 지역으로 이동할 수 있고, 겟세마네에서 기도하신 우리 주님처럼 박해를 면하게 해 달라고 기도할 수도 있다. 하지만 고난이 유익하다면 피하기보다 도리어 나서서 당해야 하지 않을까? 이에 대해 나는 '고난 자체는 유익하지 않다'고 답하겠다.

고통스러운 경험이 주는 유익이란 고난당하는 사람은 하나님의 뜻에 복종하게 되고, 이를 지켜보는 사람들에게는 긍휼이 샘솟아 자비의 행위로 연결된다는 것이다. 세상이 타락하여 아직 다 구속救贖되기 전인 만큼 다음과 같이 구분하면 좋다.

1) 하나님이 내려 주시는 단순한 선이 있고 2) 반항하는 피조물에게서 나오는 단순한 악이 있다. 3) 하나님은 그 악까지도 선용하여 뜻하신 구속을 이루시며, 그래서 4) 고난을 받아들이고 죄를 회개하면 복합적 선이 이루어진다. 하나님이 단순한 악으로 복합적 선을 능히 이루신다 해서 (악을 행하는 사람이 자비로 구원받을 수 있을지언정) 결코 악한 행

동이 정당화되지는 않는다.

이 구분이 핵심이다. 실족이 없을 수는 없으나 실족하게 하는 자에게는 화가 있고, 죄가 은혜를 **더하게** 하지만 이를 핑계로 계속 죄를 지어서는 안 된다. 그리스도께서 십자가에서 죽으신 일은 인류 역사상 최악의 사건일 뿐 아니라 최선의 사건이기도 하지만, 그래도 유다의 역할은 단순히 악했다.

이 원리를 우선 타인의 고난에 적용해 보자. 자비로운 사람은 이웃이 잘되기를 바라기에 의식적으로 "단순한 선"에 협력해 "하나님의 뜻"을 행한다. 반대로 잔인한 사람은 이웃을 압제해 단순한 악을 행하지만, 본인이 알거나 동의하지 않아도 그 악조차도 하나님께 쓰여 선을 이룬다. 전자는 아들로서 하나님을 섬기지만 후자는 도구로 쓰인다. 어떻게 행동하든 누구나 하나님의 뜻을 수행하겠지만 요한처럼 섬길 수도 있고 유다처럼 쓰일 수도 있다.

요약하자면 역사 전반에서 일어나는 선인과 악인의 충돌은 이미 계산되어 있다. 어떤 사람에게 잔인한 행동이 허락된 결과로 다른 사람에게 용기와 인내와 긍휼과 용서라는 선한 열매가 맺힌다.

그런데 이는 선인이 평소에 단순한 선을 추구한다는 사실을 전제로 한다. "평소에"라 함은 때에 따라 인간에게 동료 인간을 아프게 할(내 생각에는, 심지어 죽이기조차 할) 권리가 주어지기 때문이다. 다만 그 필요성이 절박하고 결과가 명백히 선할 때에 한하며, 고통을 가하는 사람 쪽에 (항상은 아니어도) 확실한 권위가 있어야 한다. 예를 들어 부모의 권위는 인류에서 비롯되고, 판사나 군인의 권위는 시민 사회의 산물이며, 의사의 권위는 다분히 환자에게서 기인한다. 이를 (크리스토퍼 말로의 극중 인물로서 스스로 "하나님의 채찍"이라 뽐낸 미치광이 탬벌레인 대왕처럼) "고난이 유익하니" 다른 인간을 괴롭혀도 된다는 전권으로 둔갑시킨다면, 하나님의 계획을 무산시키기는커녕 오히려 그 계획 속에서 사탄의 역할을 자청하는 셈이다. 사탄의 일을 하려면 사탄이 주는 품삯을 예상해야 한다.

우리 자신의 고통을 피하는 문제에서도 답은 비슷하다. 일부 금욕주의자가 실천해 온 고행이 있다. 이런 극한 훈련이 현명한지에 대해서는 평신도인 내가 왈가왈부할 일은 아니다. 다만 고행의 이점이 무엇이든 간에 하나님이 보내시는 환난과 사뭇 다른 것만은 분명하다.

누구나 알다시피 금식은 어쩌다 밥을 굶거나 가난해서 끼니를 거르는 것과는 다르다. 금식은 의지를 사용해 욕구에 맞선다. 극기라는 보상이 따르지만 자칫 교만해질 위험이 있다. 반면에 본의 아닌 굶주림은 욕구와 의지를 함께 하나님의 뜻에 종속시킨다. 복종할 계기도 되지만 반항할 위험도 따른다. 다행히 고난의 구속 효과는 주로 반항 의지를 누그러뜨리는 성질에 있다.

본래 고행을 실천하면 의지가 더 강해지지만, 고행이 유익하려면 (치열한) 의지를 단속할 수 있어야만 한다. 그렇게 준비해야 전인을 하나님께 드릴 수 있다. 고행은 수단으로만 필요하지 목적으로 삼기에는 가증스럽다. 욕구를 의지로 대체한 뒤 거기서 멈추면, 동물적 자아가 악마적 자아로 바뀔 뿐이기 때문이다. 그러니 "금욕도 하나님만이 하실 수 있다"라는 말은 진리다.

환난이 효과를 제대로 발휘하기 위해서는 인간이 평소에 합법적 방법으로 힘써 자신의 본능적 악을 삼가고 본능적 선을 추구했어야 한다. 환난은 그런 세상을 전제로 한다.

우리 의지를 하나님께 복종시키려면 우리에게 의지가 있어야 하고, 더불어 그 의지가 작용할 대상들이 있어야 한다. 기독교에서 말하는 내려놓음이란 금욕적 "초탈"이 아니라, 합법적이나 하나님보다 못한 다른 목적들보다 기꺼이 하나님을 앞세우는 자세다. 그래서 온전한 인간이신 그리스도도 의지를 품고 겟세마네로 가셨다. 아버지의 뜻에 부합한다면 고난과 죽음을 모면하시려는 강한 의지였다. 물론 그게 아니라면 철저히 순종하실 각오도 되어 있었다.

일부 지도자는 제자도에 들어설 때부터 "완전히 내려놓을" 것을 권고한다. 내 생각에 이는 구체적으로 뭔가를 내려놓아야 할 때마다 서슴없이 순종한다는 의미일 수밖에 없다. 매 순간 하나님께 복종하기로 다짐만 하면서 살 수는 없기 때문이다. "내 뜻을 하나님의 뜻에 복종시키는 것이 내 뜻이다"라는 말은 자체 모순이다. 문장의 앞부분에 나오는 "내 뜻"에는 아무런 내용이 없기 때문이다.

물론 우리는 다 고통을 피하려고 지나치게 애쓴다. 그러나 고통을 면하려는 의지도 합법적 범위 안에서 잘 다스려지기만 한다면 "이치"에 어긋나지 않는다. 즉 그런 의지는 피조물의 삶이 돌아가는 전체 체계에 부합하며, 구속을 이루는 환난의 효과도 이에 맞추어 설계되어 있다.

그러므로 기독교적 관점의 고난이 세상을 한시적 의미

에서라도 "더 낫게" 가꾸어야 할 우리의 본분과 양립할 수 없다는 생각은 큰 오산이다. 그 본분은 아무리 강조해도 지나치지 않다. 우리 주님이 심판에 관해 비유를 들어 하신 말씀들을 종합해 보면, 그분은 모든 덕을 적극적인 선행으로 귀결시키시는 것 같다. 물론 복음 전체에서 이 한쪽 면만을 분리시키면 잘못된 길로 이끌 소지가 있겠지만, 기독교 사회 윤리의 기본 원칙을 의심의 여지없이 천명하기에는 그것으로 충분하다.

《고통의 문제 *The Problem of Pain*》, "인간의 고통 II"

고난이 하나님의 뜻인지에 관해서는 (당신의 사제가) 혼동한 듯합니다. 하나님의 경우든 인간의 경우든 절대적 뜻과 상대적 뜻을 구분해야 합니다. 절대적 뜻을 품고 치아를 뽑는 사람은 없지만, 만성 치통에 시달리느니 **차라리** 이를 뽑겠다는 것이 많은 사람의 뜻입니다. 마찬가지로 피조물이 겪는 최소한의 고통조차도 결코 하나님의 절대적 뜻은 아니지만, 다른 대안보다는 **차라리** 그게 그분의 뜻일 수 있습니다. 예를 들자면 인류가 구원받지 못하는 것보다는 아들이 십자가에 죽으시는 것이 그분의 뜻이었지요(그래서 아들에게서 그 잔을 거두시는 것은 어느 모로 보나 그분의 뜻이 **아니었습니다**).

Collected Letters(서한집), 1953년 11월 28일

메리 밴 듀슨에게

구해도 하나님이 거듭
안 된다고 하실 때
어떻게 할 것인가?

다 잘될 수도 있네. 정말이야. 하지만 그동안 자네는 기다려야 하네. 엑스레이 결과와 전문의의 소견이 나올 때까지 말일세. 기다리는 동안에도 삶은 계속된다네. 동면하듯 땅속에 들어가 잠만 잘 수 있다면 얼마나 좋겠나. 게다가 (자네는 나보다 강하지만 내 경우에는) 불안에 따르는 무서운 부산물이 있네. 생각들이 끊임없이 맴돌 뿐 아니라, 말도 안 되는 징조를 찾고 싶은 이교의 유혹까지 느껴지지. 그래서 우리는 기도하지만, 이런 기도는 그 자체가 다분히 일종의 고뇌이네.

어떤 이들은 불안할 때 죄책감을 느끼며 믿음이 부족한 탓이라 여기지만, 내 생각은 전혀 다르네. 불안은 죄가 아니라 고통일세. 모든 고통처럼 불안도 생각하기에 따라 그리스도의 수난에 동참하는 일이라네. 그 수난의 첫 단계는 겟세마네에서 시작되었지. 겟세마네에서 아주 이상하고 의미심장한 일이 벌어졌던 것 같네.

친히 누누이 말씀하셨듯이 분명히 우리 주님은 자신의 죽음을 오래전부터 내다보셨네. 자신의 말과 행동이 인간 세상에서 어떤 결과를 부를지 그분은 아셨지. 그런데 겟세마네에서 기도하시기 전에 아무래도 그분에게서 그 지식이 거두어진 것이 분명하네. 아무리 아버지의 뜻을 단서로 다셨다 해도, 잔이 옮겨지지 않을 줄을 뻔히 아시면서 그 잔을 옮겨 달라고 기도하실 수는 없으니 말일세. 논리적으로나 심리적으로나 이는 불가능한 일이네.

그렇다면 어찌된 일일까? 인간이 보편적으로 겪는 시련이라면 그분께도 하나도 빠뜨리지 않겠다는 듯, 마지막 순간에 희망 고문이 그분을 덮쳤네. 조마조마한 불안이었지. 어쩌면 그분은 극한의 공포를 결국 면할 수도 있으리라는 희미한 가능성을 보신 것이네. 전례가 있지 않은가. 이삭도 죽음을 면했는데, 그때도 마지막 순간에 구사일생을 한 것이었지. 그러니 불가능한 일은 아니었던 것일세……. 게다가 틀림없이 그분은 십자가에 처형된 다른 사람들을 보신 적이 있었을 것이네……. 우리가 보아 온 대부분의 성화와는 사뭇 다른 처참한 광경이었겠지.

최후의 (그리고 잘못된) 실낱같은 희망, 그로 인한 영혼의 동요, 핏방울 같은 땀 등이 없었다면 그분은 온전한 인간이 아니었을 것이네. 완전히 예측 가능한 세상에 산다면 그것은 인간의 삶일 수 없네.

결국 천사가 나타나 그분께 "힘을 더하더라"라고 성경

은 말하지. 16세기 영어로는 "컴포팅"comforting으로 옮겨졌는데 그 고어에도, 헬라어 원문의 "에니스쿠온"에도 "위안하다"라는 뜻은 없어. "힘을 더하다"가 더 정확한 뜻이네. 천사의 그 행위는 곧 그분께 이 잔을 마셔야만 하며 능히 마실 수 있다는 확신을 되살려 드린 게 아닐까? 위안치고는 달갑지 않은 위안이었던 셈이지.

우리도 다 실제로 고통이 닥치면 어떻게든 받아들이고 복종하려 하지. 그러나 겟세마네의 기도에서 보듯이, 그 이전의 불안도 똑같이 하나님의 뜻이며 똑같이 우리네 인간 앞에 놓인 숙명이네. 온전한 인간이신 주님도 이를 겪으셨는데, 종이 주인보다 클 수는 없지 않은가. 우리는 스토아 학파 같은 극기주의자가 아니라 그리스도인이네.

우리 인간의 고난도 그리스도의 수난과 공통점이 있음을 그 수난의 매 순간이 똑똑히 보여 주지 않는가? 우선 예수님은 고뇌의 기도를 드리셨으나 받아들여지지 않았네. 이어 그분은 친구들에게 의지하셨으나 그들은 잠들어 있었지. 우리의 친구나 우리도 걸핏하면 잠들거나 바쁘거나 멀리 있거나 다른 데 정신이 빼앗겨 있지 않은가.

이에 그분은 교회를 바라보셨으나 그분이 세우신 교회

가 바로 그분을 단죄했네. 이 또한 전형적이야. 모든 교회와 기관은 얼마 못 가 조만간 그 존재 목적에 역행하는 요소가 생겨나지.

다행히 또 다른 가망성이 보였네. 바로 정부인데 이 경우는 로마 정부였지. 로마 정부는 이 일에 개입하려는 의욕이 유대 교회보다 훨씬 적었지만, 바로 그래서 현지의 광신으로부터 자유로울 수도 있었네. 세상 기준으로 볼 때 로마는 대체로 정의를 표방했네. 물론 그 정의는 정치적 편의와 국익에 부합할 때에 한해서였으니, 누구라도 복잡한 장기판의 졸이 되기 쉬웠지.

그래도 예수님께 아직은 희망이 남아 있었으니 곧 백성에게 호소하는 것이었네. 그 가난하고 순박한 무리에게 그분은 지금까지 복을 주시고 그들의 병을 고치시며 그들을 먹이시고 가르치셨고, 친히 그 동족의 일원으로 사셨으니 말이네. 그러나 그들마저도 하룻밤 사이에(흔한 일이지 않은가) 살의에 찬 폭도로 변해 그분의 피를 요구했다네.

그리하여 마침내 그분께는 하나님밖에 남지 않았지. 그런데 하나님이신 그분이 하나님께 하신 마지막 말씀은 이것이었네. "어찌하여 나를 버리셨나이까."

보다시피 이 모두가 인간의 실존을 적나라하게 보여 주는 전형이자 표본이네. 인간이라면 피할 수 없는 현실이지. 손에 붙잡는 동아줄마다 끊어지고, 앞에 다가서기만 하면 문이 쾅 닫히네. 달아나 봐야 사방에 둘러 처진 울타리에 막히는 여우와도 같아.

그분이 결국 모든 데서 버림받으신 일을 우리가 어떻게 이해하고 소화할 수 있겠는가? 하나님도 자신에게 가장 절실히 필요할 때 하나님께 외면당하시지 않고는 인간이 되실 수 없는 것인가? 만일 그렇다면 왜 그런 것인가?

나는 우리가 창조 개념에 함축된 의미를 조금이라도 이해했는지 의문스러울 때가 있네. 하나님이 창조하시려면 무언가를 존재하게 하되 그분 자신은 아니어야 하네. 피조물이란 어떤 의미에서 방출되거나 분리된 존재이지. 피조물이 완전에 더 가까워질수록 어느 시점에서 그 분리의 정도도 더해야 하지 않을까? "어두운 밤"을 경험하는 사람은 범인이 아니라 성인聖人이며, 반역하는 존재는 짐승이 아니라 인간과 천사라네. 무생물은 그저 창조주의 품에 잠들어 있지. 평소에 하나님과 가장 친밀한 사람일수록 그분의 "숨어 계시는" 면이 가장 고통스럽게 느껴질 것이네. 그래서 인간이 되신 하나님 자신이야말로 모든 인간 중에서 하나님께 가장 처참히 버림받으신 것일까?

17세기의 한 신학자는 "하나님이 (인간이) 볼 수 있는 존재인 듯 행세하신다면 이는 세상을 속이시는 것뿐이다"라고 말했네. 어쩌면 그분은 충분히 "위안을 느껴야만" 하는 순박한 영혼들에게 조금만 그런 척하시는지도 모르네. 그들을 속이시려는 것이 아니라 털 깎인 양에게 바람을 막아 주시려고 말일세.

물론 나는 라인홀드 니버처럼 유한성에 악이 내재되어 있다고 말하려는 게 아니야. 그 말은 창조를 타락과 동일시해 하나님을 악의 출처로 만들지. 다만 창조 행위에는 아마 그분의 고뇌와 소외와 십자가가 포함되어 있었을 걸세. 그런데도 유일하게 판단할 자격을 가지신 그분이 태초의 완성품을 보시고 그만한 가치가 있다고 판단하신 거야.

보다시피 나는 욥을 위로하던 친구와도 같네. 자네가 지나는 음침한 골짜기를 밝혀 주기는커녕 더 어둡게 하니 말이야. 그 이유를 자네도 알 걸세. 자네의 어두움이 내 어두움을 불러냈기 때문이지. 그러나 여태 쓴 말을 다시 생각해 보아도 후회는 없어. 내 생각에 어둠을 공유할 때에만 자네와 나는 현재 속에서 참으로 만날 수 있네. 서로 간에는 물론이고, 가장 중요하게는 우리 주님과 공유할 때 말일세. 우리는 아무도 밟은 적 없는 길을 가는 게 아니네. 오히려 큰 길에 들어서 있는 것이지.

분명히 우리는 두 주 전에 이런 문제를 너무 가볍고 쉽게 말했네. 가짜 돈으로 게임을 즐긴 게지. "잘 생각해서 말하라"는 말은 어렸을 때 으레 들었는데, "잘 생각해서 생각하라"는 말도 우리에게 필요한 것 같네. 게임에 정말 진지하게 임하려면 먼저 판돈을 높여야 하는 것과도 같아. 이것이 흔히들 하는 말과 반대라는 것을 나도 아네. 대개 지적 활동에는 감정을 완전히 배제해야 한다며 "냉정해지지 않고는 똑바로 사고할 수 없다"고들 하니까 말일세. 하지만 냉정해져도 사고가 깊어질 수 없는 건 마찬가지야. 내 생각에는 양쪽 모두의 상태에서 모든 문제에 접근해야 하네. 고대 페르시아인은 모든 일을 두 번씩 논했다지 않은가. 술 취했을 때 한 번, 맑은 정신으로 한 번.

소식이 있으면 바로 내게 전해 주리라 믿네.

───

《개인 기도 *Letters to Malcolm*》, 8장

내 작은 몸이여, 일어나라. 충분히 애썼고
자비로우신 그분께 용서도 받았으니
인형처럼 창백한 몸이여, 이제 일어나 가라.
침구처럼 희고 눈처럼 차갑게 침대에 들어
조그만 찬 손으로 옷을 벗고 불을 끄라.
신성한 밤 속에 고독한 인간으로 침묵하라.
초원은 빗속에 드러눕고 잔은 깨끗이 비었으며,
옷은 빨아 개었는데 색이 바랬고
때가 묻어서 그 때를 씻어 내느라
거의 누더기처럼 닳고 닳았구나.
너무 빨리 도로 더워지지 말고 차갑게 누워
피로와 용서의 그 습기를 받아들이라.
쓴 물을 다 마시고 오싹한 죽음을 들이쉬라,
머잖아 피와 숨결이 다시 용솟음치리니.

Poems(시집), "기도 후에는 차갑게 누우라"

출전

Collected Letters of C. S. Lewis, 제2-3권, HarperOne.

The Four Loves, HarperOne. 《네 가지 사랑》(홍성사 역간).

God in the Dock: Essays on Theology and Ethics, Eerdmans; 전자책, HarperOne. 《피고석의 하나님》(홍성사 역간).
- "하나님이 내 필요를 이미 다 아시는데 굳이 왜 구하는가?"
  —1부 11장 "노동과 기도."
- "기도하려면 병적이리만치 내 죄를 성찰해야 하는가?"
  —1부 14장 "비참한 범죄자."

A Grief Observed, HarperOne. 《헤아려 본 슬픔》(홍성사 역간).
- "사랑하는 사람을 잃은 슬픔 가운데 기도하고 있는가?"—4장.

Letters of C. S. Lewis, HarperOne.

Letters to an American Lady, Eerdmans; 전자책, HarperOne. 《메리에게 루이스가》(비아토르 역간).
- "기도를 꾸준히 실천하려면?"

Letters to Malcolm: Chiefly on Prayer, HarperOne. 《개인 기도》(홍성사 역간).
- "시시콜콜 내 일을 하나님께 가져가는 건 염치없는 일인가?"—4장.
- "어떻게 '진짜 나'로서 '진짜 그분' 앞에 설 것인가?"—15장.
- "기도에 관한 신약의 가르침, 어떻게 이해할 것인가?"—11장.
- "구해도 하나님이 거듭 안 된다고 하실 때 어떻게 할 것인가?"—8장.

Mere Christianity, HarperOne. 《순전한 기독교》(홍성사 역간).

Miracles: A Preliminary Study, HarperOne. 《기적》(홍성사 역간).
- "기도와 '하나님의 섭리'는 어떻게 맞물리는가?"
  —부록 B "'특별 섭리'에 대해."

Poems, HarperOne.

The Problem of Pain, HarperOne. 《고통의 문제》(홍성사 역간).
- "고난이 영혼에 유익하다는데, 고난을 면하려고 기도해도 되는가?"
  —7장 "인간의 고통 II."

Reflections on the Psalms, HarperOne. 《시편 사색》(홍성사 역간).
- "다윗처럼 즐거이 기도하려면?"—5장 "여호와의 아름다움."

The Screwtape Letters, HarperOne. 《스크루테이프의 편지》(홍성사 역간).
- "'영적'이라는 개념에 매몰되는 것"—3장.
- "벌어진 작은 틈을 내버려 두는 것"—12장.
- "기도를 이용해 하나님을 시험하는 것"—27장.
- "자기 심리 상태에 휘둘리는 것"—6장.

Surprised by Joy: The Shape of My Early Life, HarperOne. 《예기치 못한 기쁨》(홍성사 역간).
- "기도가 짐스러운가?"—4장 "시야를 넓히다."

The Weight of Glory, and Other Addresses, HarperOne. 《영광의 무게》(홍성사 역간).
- 적당히 내 것을 챙기며 기도하는 것이 가능한가?"—9장 "실언."

The World's Last Night, and Other Essays, HarperOne. 《세상의 마지막 밤》(홍성사 역간).
- "내 기도가 통하는지 검증할 수 있는가?"—1장 "기도의 효력."